最美好的時光

人·生·無·憾·過·日·子

葉金川——著

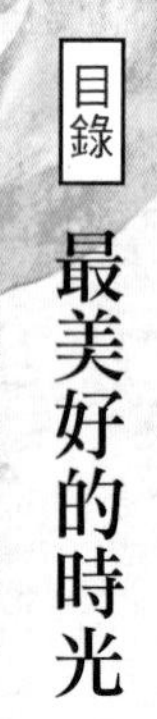
目錄
最美好的時光
人·生·無·憾·過·日·子

輯一 ●●● 上天給我的禮物

輯二 ●●● 簡單生活就是幸福

輯三●●●百岳登高，深度旅遊

輯四●●●退休生活怎麼過？

輯五•••銀髮海嘯，準備好了嗎？

輯六•••預約生命的終點

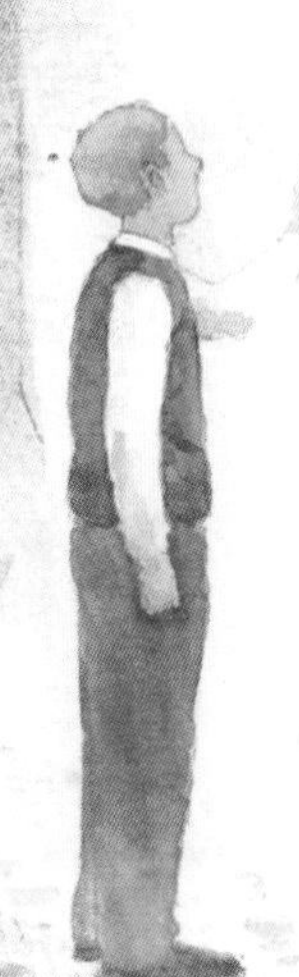

推薦序

人因被需要而活出意義

文／楊志良（台灣高齡化政策暨產業發展協會理事長）

孤寂是健康最大的殺手，凡當過兵的朋友都知道，軍中最嚴厲的處罰就是關禁閉。挪威殺人魔布列維克被判終身單獨監禁（北歐國家沒有死刑），不得與其他囚犯接觸，日子過得生不如死，因此控告挪威政府不人道；法官也真的判他勝訴，不再單獨監禁。吾等「老者」退休後，最怕沒有家人及老友相互關愛（包括抬槓），金川兄出書不忘囑咐老友寫序，真是一大樂事。

雖然比金川兄稍長，但人生卻沒有他活得精彩，又是高空彈跳，又是玩降落傘、划獨木舟，更不要說登百岳了。至於擔任政府及公益組織各項要職，貢獻良多，大家都已熟知，就不在此贅述。

臺灣小確幸不少，但有一項大確幸卻少有人談，就是大部分臺灣人活得長又活得好，八成的人活到七十歲，六成到八十歲，四分之一到九十歲。高齡者免不了慢性病纏身，甚至得癌症（金川兄、本人都是癌患，拜健保及臺灣醫療之賜，早期發現與治療，至今仍活蹦亂跳），雖然如此，六十五至七十四歲的「老人」，有百分之九十二具有生活自理能力（飲食、穿衣、洗澡、如廁及移動）；七十五至八十四歲有百分之八十；八十五歲以上夠老了吧，尚有百分之五十二生活可以自理。需要長照（失能）的老人只占百分之十六，多數仍可以享受人生，甚至貢獻社會，也就是說，若五十五歲退休，還有三十年「好活」，六十五歲退休也有二十年好活。

因此，大家應效法金川兄，早些寫好遺囑（這可避免社會新聞中，骨肉流落在外的遺憾，甚至造成家人子女成為仇人，又耗費社會資源大打官司）、簽好器官捐贈同意書及預約生命終點等。這些本人早已完成，但不若金川兄的勇氣，且個人遺囑沒人要看，屆時也不勞金川兄參加我的告別式（因為沒有），也就不公諸於世了。

上列事項有些是消極的，更重要的是活著就要動，多項研究均顯示從事志工及公益活動，不但較為健康快樂且延年益壽。因此，除了享受暮年時光，繼續追尋未完成的人生夢想，若尚有餘力，「廢物利用」太妄自菲薄，大可像金川兄一樣，「資源回收」從事各項公益服務，也是享受人生！

推薦序

讀《最美好的時光》真好

文／陳永興（民報發行人）

讀葉金川兄的書感覺真好，他和我同年紀、又同樣學醫，他的文章總是深得我心，說出了我想說，卻沒辦法表達得那麼好的內容。

我們都已經邁入了人生的第三階段，也是最後階段。在人生第一階段經歷出生、成長、學習、求學的過程，到第二階段就業、成立家庭、服務社會、成就事業、貢獻人群，金川兄都被認為是人生勝利組，是表現傑出備受肯定的佼佼者。這不是說他的人生都沒有挫折，但他總能發揮智慧和勇氣，加以克服，再向前邁進。

如今他退休進入人生第三階段，他覺得這最後階段才是最美好的時光，雖然是夕陽無限好的退休生涯，但他有很成熟的智慧，選擇過不同以往，而更有意義的生活。

金川兄以人生經驗和智慧結晶的心得，把美好的時光和我們分享，讀他書中給我們的十大建議，真的讓人覺得深入寶山絕不會空手而回，保證會收獲滿滿，讓人深深感受到人生是多麼美好，能走到最後階段仍然充滿喜樂和活力、充滿創意和挑戰，這樣的退休後人生難道不是最美好的時光嗎？

我很高興能向讀者推薦本書，希望每個人都能擁有人生《最美好的時光》，讓生命沒有遺憾，讓生活充滿驚喜！

推薦序

尋找生命中的精彩

文／張鴻仁（上騰生技顧問股份有限公司董事長）

葉金川教授，這位在SARS期間穿著T恤，戴著口罩，隻身走進和平醫院的鐵漢，在六十歲完登百岳時留下這段文字，「我希望這一輩子留下感動自己的事情，登百岳，不只是爬山而已，是帶著夢想，尋找生命中的精彩。」

他熱愛運動，平日登山、泛舟、跑馬拉松、騎單車、挑戰鐵人三項、熱心公益、熱愛音樂、也愛美食。近年來，把他在山上「野炊」的經驗轉為「葉家宴」，儼然「阿川師」的架勢。沒想到，這樣一位熱愛生命的柔情鐵漢，居然在一年多前得了淋巴癌，所幸，經半年治療後，已經痊癒。

如果說一個好的廚師，什麼材料都能入菜，那麼他連自己的「罹癌經驗」都不放過，當成大眾健康教育的素材，告訴民眾如何「與癌共處」，要過「健康的生活」，而不是「病人的生活」。

幾年前有一部電影《一路玩到掛》，敘述兩個癌末病人寫下一張清單，希望在生命終了之前，環遊世界去做一些此生不做會遺憾的「瘋狂事」：高空跳傘，體驗世界級雄偉的美景（金字塔、泰姬瑪哈陵、維多利亞瀑布）、萬里長城騎重機、在最頂級的餐廳用餐、參訪羅浮宮、以及親吻世界最美麗的女孩。

葉教授的這本新書《最美好的時光》，可說是「一路玩到掛」的平民普及版，是每個人只要下定決心就可以做到的。他在臺大醫學系畢業四十週年同學會中以

「退休，就是要做一些瘋狂的事」為題演講，敘述他的退休生活就是上山下海、飛天潛水、追趕跑跳碰、隨心所欲。最重要的是，他建議大家有夢想要馬上開始行動，「並且把每一天都當生命的最後一天」。在這本書中，他教我們如何做夢（人生沒有缺憾），而且「退休更要逐夢」，縱使只完成一個小小心願，也可以改變周遭大大小小的世界。

我們可能沒辦法像「一路玩到掛」的電影情節一般，遇到一位有錢大老闆的病友帶著我們環遊世界，但是葉教授教我們「撇步」，住不起頂級飯店，可以去吃早餐（可見「伊斯坦堡四季飯店的早餐」）。他的「生命清單」都是有心就可以達成的，所以葉教授說「我可以接受不爬山的山友、不騎車的車友、不喝酒的酒友，但不能接受不看星座的山友」。

最後葉教授語重心長的分享他如何面對癌症（癌症教會我謙卑面對），還有死亡（如果我沒法醒來，不要串通醫師凌遲我），以及後事的安排（給兒子們的一封信）。我最感動的是，讀到「在平凡中看見幸福」，一對山友夫婦在爬金瓜石「無耳茶壺山」時，深情互動的故事。也見證了這位「鐵漢」，心思細膩的一面。

這本書當然值得推薦，更重要的是讀完以後要化為行動！

自序

享受金齡生活的十六個方法

葉金川

本來這本書我想寫的是「人生的下半場」；但是，究竟人生的下半場什麼時候開始？人生如果是一場棒球賽，大部分人會在第七局碰上關鍵的一局，但往往第九局才是最好看的一局；如同人生沒有絕對的高峰，也沒有下半場可言，最後一局、最後一棒也可能逆轉勝。

我不確定在什麼時候跨入了金齡期，好像沒有一個絕對的時間點。不過，認真想想，六十五歲是我人生另一個階段。大多數人在六十五歲時退休，而我六十五歲時還在工作，卻意外發現得了淋巴癌，也從這時候，我開始思索應該如何過不一樣的日子，也許正是在此時，開始了我的金齡生活。

如何過金齡生活？我歸納了十六個想法，希望給其他金齡族一些參考或建議。

一、忘了過去，迎接未來

我現在絕口不提過去的豐功偉業（glory, glory past）。現在有人請我去演講，我只想多談百岳、運動、健康與生活；我不太願意談SARS、健保、WHO、醫療網那些過去的往事。

在我的認知裡，現在和未來更重要，我規劃未來的夢想是什麼，要嘗試什麼新東西，或是思考我還能推動什麼工作，實在沒有時間去緬懷過去。當然，我對時事也有很多想法，但我告訴自己，讓該負責的人去煩惱，我不想倚老賣老、指指點點，也不想活在過去，我只想努力過好當下、籌劃未來。

二、平安下山最是珍貴

登山，一定要登頂三角點嗎？我登了這麼多山，覺得似乎不該這樣定義；當然爬到最高峰，與三角點合照，象徵了征服它，在自己的登山紀錄裡又多了一座，不過仔細想想，這其實蠻虛榮的。

爬山難忘的事絕對不只是那張踏上三角點和石碑合影的紀念照。事實上，在登山的過程中，最讓我感動的是「啊，我已經平安回來了」！登山途中，可能會碰到颱風，可能會遇到下雪，可能氣溫非常寒冷，或者遇到山崩落石，各種危險的狀況都可能發生，這樣的過程會讓人終生難忘。同理，在生活上也是，不管是家庭或事業，平安走過，才是最重要的。

三、幸福感不是靠金錢和權勢

金錢常常只是一個數字，讓你覺得有安全感，從某個角度來看，和登了多少座山是一樣的道理，只是被拿來做比較，或是做為炫耀的成績。

或許職位權勢可以讓人有成就感、進而有所改變，可以讓人有所感動；但感動人的應該是事，不是職位帶來的那個職銜，因為頭銜也是一種虛榮，權勢是帶不走的虛華，人們只會記得你做了什麼，而不是你當了什麼。

四、年齡也只是個數字

不要被年齡這個數字騙了！一個六十五歲的人可能比一個五十歲的人心理更健康、身體更有活力、鬥志也更強，而健康、活力、鬥志都和數字無關，不需要因為自己年齡長了，就自我設限，這個不能做、那個不能做；想做，就去做！

五、學習與疾病共舞

雖然年齡只是個數字，但是與這個數字息息相關的副產品就是可能伴隨而來的疾病。老化是自然的變化，目前科技還沒辦法改變老化的現象。

年紀大了，要完全沒有一些毛病是不可能的，但是疾病與自身的活力不一定相關。有些毛病是一定會發生、一定會面臨的，例如：會越來越胖、會腰酸背痛、血壓和膽固醇可能變高等，問題不在會不會發生，而是要如何因應。

這輩子我第一次因病住院，是因為騎自行車摔斷了鎖骨，第二次就是因為淋巴癌，但這些都沒有影響生活，反而讓我開始意識到已經在打人生的第七、八、九局，必須在目前的情境下，學會改變戰術；我們必須承認老化帶來的影響，也必須學習如何克服它或者與其共存，至少讓它不影響生活。

六、將工作排第一順位

大多數過了六十五歲的人，都覺得該享清福了，或者含貽弄孫。但對我來說，我還是把工作排第一，至少工作、生活、家庭要取得平衡。當然六十五歲後的工作和年輕時的工作是不一樣的，現在，我盡量簡化工作，動腦動口不動手，我可以訓練、培養更多的人，不用事必躬親。

生活、家庭都是一種人生閱歷，是一個基本面，但若最終想要達成自己的信念、要進一步改變社會、改變環境、對更多人有影響力，還是要靠工作才能達到。

臺語有個詞叫「老夥仔工」，能做多少，就做多少，你若不做，年輕人就得去做，還有能力，就盡量去做吧！

就算是兒孫滿堂，生活無虞，也不是生命最終的目的，而是人生的過程。如果能夠工作，就繼續工作，雖然不一定每個六十五歲的人都能找到工作，但此時工作的定義應該是一種任務，例如做志工、做環保，不論有沒有收入，一旦自己定下一個任務，就去完成它。

七、兒孫不能當生活重心

我有三個兒子，三個孫子，每個星期也都會安排分別跟不同的兒孫聚會，但不會把他們當成我生活的全部；也不會指望倚靠兒孫或老人年金來過日子，兒孫們有自己的生活、自己的家庭要面對，他們也需要各自獨立，各自負責。

八、學習新事物

不斷的學習新事物，目的無非是讓生活更豐富、更五彩繽紛；對促進健康、對預防老年失智都有幫助，也讓身心保持在活力滿點的狀態。

新事物可以分為兩種，一種是動態的，像我在學習划船、學泛舟，還想學衝浪、飛行傘；一種是靜態的，琴棋書畫什麼都好，但我現在的目標是學薩克斯風，雖然很多人說這是自討苦吃，要上得了臺要練個十年，那就練十年吧！也沒什麼不對啊！

要工作就必須不斷學習，過去的歷練、經驗，不是包袱，是資產。不過，現在與過去工作的環境已經有很大的變化，其中的差距要靠學習才能跟得上時代。

九、隨時散發正能量

在與朋友、同僚、夥伴互動的時候，要讓他人感受到跟自己一起時是愉快的、正面的、能被自己帶動的、能被激勵的；相對的，儘量不要去跟負面能量的人來往。當然，我相信若自己有正能量的特質，就不會想去和負面的人有交集。

十、與老伴培養共同嗜好

要能夠長久相處，一定要有些共同的興趣，如果沒有，就會變成亦離亦合，長期下來隔閡就會越來越大，這是很痛苦的。那就不像是伴侶，嚴重一點，就像北韓與南韓，把家庭搞分裂，家也不像個家了。

十一、有自己獨立生活的時間和空間

這與家庭之間的關係並不衝突，再怎麼親密的人也不可能天天黏在一起，有自己的獨立時間和空間不是拿來拈花惹草，而是要將時間做分配，一部分給家庭，一部分給工作或朋友，另一部分留給自己。

也就是說，要有一些屬於自己的時間和空間，不需要和其他人分享，不用解釋或在意其他人的想法，自己幫助自己成長，維持完整的自己。

十二、捨去無關緊要的事物

東西能丟就丟，事情也是。

我常說，「教不會的學生不用教、沒有用的事不要做、沒有用的話不要說」，尤其是那些只為了討好別人而做的事，那是不必要的，散發正能量和討好別人是兩回事啊！有些員工，你怎麼說、怎麼教都學不會，罵也只是讓自己痛苦而已，他既然完全沒法改變，就不用說他了，把他擺在適當的位子就好了。

舉例來說，我自己做了一個很大的改變，我的西裝只剩一套，冬天和夏天都是穿同一套！現在我只有在重要的時候才穿上西裝；皮鞋也只有一雙，其他的就是不同功能的運動鞋、登山鞋、雨鞋、溯溪鞋等，不需要的東西就丟掉，不要不捨得，很多老人都會堆積許多東西，那些都是負擔。

不只是東西而已，事與物也一樣，把事情化繁為簡，不要浪費太多時間做沒有意義的事。

十三、想到就做，不要猶豫

有些事如果現在不做，這一輩子就不會做了，也不一定有機會做。特別是在金齡階段，不要只是想像；想，是一種智力；做，才是一種能力！不要老想著等到有錢有閒的時候才去做，那時候也許沒有能力、沒有體力可以去執行了。

想做就去做，不要給自己未來後悔的機會。

十四、旅行不是到此一遊

在金齡階段，不要只是想像，想做就去做，不要猶豫，不要給自己未來後悔的機會。
圖為我與太太、好友一同去肯亞坐熱氣球，飽覽馬賽草原風光。

旅行可能是老人最能滿足的夢想之一，但旅行不是到此一遊而已，旅行的目的還是在學習，「open your mind, open your eyes.」。感受世界和自己想像的不一樣。在旅程中，可以看到許多新鮮的事物，也能反觀自己，甚至能夠改變自己，旅行會碰上許多值得用心學習及體會的人、事、物。

十五、自己烹調才是美食

有些人喜歡找各種美食餐廳去用餐，但我總認為自己煮才好。

我印象很深刻的一件事是男高音帕華洛帝，他寧可吃到胖死也要自己煎牛排，我覺得他是對的。自己煮，當然不比大飯店或名廚做的好吃，但是自己動手，會更重視料理這件事。

食物要美味，食材很重要，新鮮就會好吃；要到處尋訪美食，不如自己學習，從新鮮食材開始，到選擇好的調理方法，對健康會更有幫助。飲食是生活中很重要的面向，當瞭解到飲食與健康息息相關後，便會開始注意什麼烹調方法是健康的，什麼食材是健康的，不健康的飲食習慣自然會慢慢遠離。

十六、簡單生活才是健康

不用羨慕別人多采多姿的生活，make it simple！選擇幾件自己喜歡的事去做、選擇自己喜歡的方式去過日子，讓生活變簡單。我喜歡住帳蓬自己野炊，但偶爾也會去住高級的飯店，這樣做的初衷是一種體驗。把生活單純化，回歸自然，接近自然，會更健康！

楔子

如果我沒法醒來，不要串通醫師凌遲我！

必然有這麼一天，我們必須說再見！

「葉家宴」不會一直開，天下宴席總要散的。

根據生命表，十九年後，我必須跟大家說再見，

但，可能是下一刻，也可以是三十八年後；

就怕還沒準備，匆忙間上路，重要的忘了說，

不如現在說個透澈。

兒子們，記著：
如果我沒法醒過來，不要串通醫師凌遲我！

我想活得精彩、走得帥氣，
不要管子，有氣切管、尿管、胃管，怕走得牽絆；

停止維生治療吧！
多拖幾天，並不會增添我生命的色彩。

心臟升壓劑、洗腎、葉克膜，省省吧！
健保都快倒了……。

能用的，都送人，心肝應還是好的；

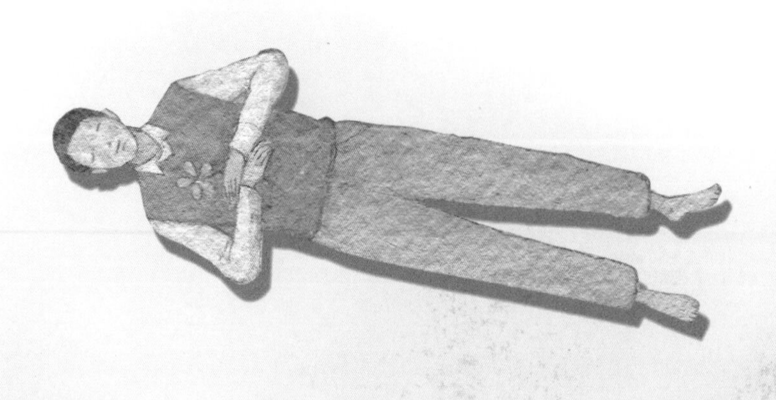

有了我的心，可以登高看更遠。
有我的肝，酒量不會退步！
至少眼角膜、骨頭可以用，
腎臟最珍貴，我腎沒有虛。

兒子們，孝順爸媽，要趁現在！
我走了以後，孝順就成了做樣子、給外人看的；

所以追思葬禮省了，墓園、墓碑也不環保，
偶而將爸爸放在心裡，就可以了。
骨灰火化後，混合飼料，丟在七星潭餵魚！
留下一小撮，帶到合歡北峰，灑一點點就好；

記得帶你們的媽咪來陪我，
在她百年之後，雖然有時嫌她嘮叨，但沒人唸了，倒是有點不習慣；
有老伴，很幸福的，感恩啦！老婆。

親朋好友們：
不用來，沒有追思會，白包也省了。
如果堅持要付，預付可以打六折，我現在要用。
網路上留有我的語錄，還有給大家的真心話；
沒事上網看看，也許會有新啟示。

想我的時候，來合歡北峰！
能來，任何時候都歡迎，但，四到六月最好。
看看高山杜鵑，帶來香檳，別忘了高腳杯，

我喝酒可是要有規矩的；
可以教你們看星座，
天蠍心宿二、牛郎織女天津四、獵戶大犬、冬季正三角。
不會看？
可別說是我山友，這樣我多沒面子呀！

我可以接受：
不爬山的山友、
不騎車的車友、
不喝酒的酒友、
就不能忍受看不懂星座的山友！

我一生清風，但求化為千風，了無遺憾。

輯一

上天給我的禮物

生病，是一堂人生的必修課

電視上，看到李開復侃侃而談，他得到淋巴癌，經過治療及休養十七個月後，復出工作，詳述他人生和工作態度的轉變。我想，我似乎也應該寫下我的情況，一些我主觀自覺的改變。

二〇一四年年底，我得到和李開復同一種癌症，但我很幸運的是我早發現，是第二期，前後治療時間大約半年，包括兩邊眼睛開刀、電療和標靶治療。二〇一五年六月二十五日做完最後一次的標靶治療，應該算是痊癒了。在治療期間，我沒有告假休息，大部分的人都不知道我生病了。二〇一五年六月底時，我辦了一個生日派對，告訴大家我生病了，但同時也告訴大家我好了！

那天是我滿六十五歲的日子，生病治療結束和年滿六十五歲剛好在同一個時間點，心態上的改變到底是因為生病、還是因為滿六十五歲？其實我也很難區分清楚。

我最大的改變是對於生活和工作的定位和調整。一直以來，我都以工作為重，現在學會了把工作步調放慢，盡量與生活之間取得平衡；這並不代表工作從此就不重要了，現在我的工作動腦不動手，我想好要做的事，溝通交代清楚就授權給同仁去執行。

目前對於我主持的血液基金會來說，最重要的是人才；招才、訓練、授權同仁去完成該完成的使命與任務。組織要有目標及方向，要改變格局、文化，要有士氣、向心力，這是我的工作，但我引導，不必我去執行。

前陣子，我給自己放了一個長假，大概有三個禮拜之久。在以前我是不會這樣做的。這次就是想給同仁自己運作看看，看看大家是不是都能自動自發的完成每一件既定的工作；沒有一個機構會因為少了任何一個人就會倒的，所以我先學會了放下。

生活上的改變更明顯，我現在不喝烈酒，啤酒、紅白酒、香檳等，偶爾小酌一點，但喝得少了，以前一開喝總是半瓶高粱、一瓶紅酒以上；牛羊也不常吃了，以前美牛、烤羊可是我的拿手絕活；以前我不喝茶的，現在也改喝茶；我原本就有在運動，但現在會更固定規律的去運動；原本臺北、花蓮兩地跑，現在也比較少去花蓮了，減少兩地奔波的舟車勞頓；我沒有放棄我喜愛的廣播這個工作，只是把錄音室改到臺北來。做一個作家和一個廣播人，是我的夢想，這是不可能放棄的；教職也沒有完全放棄，慈濟我沒有開課，但會回去助講。

我本來就反菸，現在我更想擴大到防癌，特別是癌症的篩檢；菸、酒、檳榔的防制工作算是健康促進的工作；但癌症篩檢是另一個層面的事，有些癌症是要靠早期篩檢才能有效防治。

我原來的工作太雜了，接任太多職務，要全部兼顧到，是非常不容易的事。我現在無法多頭燒，應該專注的把一項工作做好、全力以赴。

每一天，都不是必然會到來的一天。對絕大部分的人說，今天睡個覺、明天起床又是新的一天到來，理所當然；但是現在我不會這樣想，每一天都是多賺來的一天，要好好利用、珍惜這每一天。我常說：「沒用的話不要說，沒用的氣不要生，教不會的學生不要教，沒用的事不要做。」生命既是無限美好，就應該善用每一月、每一天、每一小時、每一分鐘，不要浪費，也不要蹉跎。生命應該用在最美好的事物上。

有了這些體悟，不禁再回頭想，人生到底要追求些什麼？其實，什麼都不必追！金錢、名利、物質享受、奢華生活，都是身外之物，離我越來越遠；一旦沒有了健康，這些虛名表相更顯得沒有任何意義。

現在的我，正在學習多點耐心、讓自己的毅力更加堅定不移。過去的我，總是樂於挑戰各種任務，只要需要我，我都義不容辭的完全投入，不管多艱難的任務，我總是帶頭衝鋒陷陣、改變困境。

現在，我告訴我自己，把自己縮小，但是要發揮無限的影響力，將理念傳達得更遠，也一樣能改變，甚至創造更多的可能！但願我能影響更多的人，激發他們無限的潛力，去完成他們理想中的願景，這樣的力量可能比我過去的努力更強大！

人生有無限的可能，珍視眼前的每一刻，也期待著各種美好事物的發生，或許也是我罹癌康復之後的另外一種福報！

癌症教會我謙卑面對

我有乾眼症已經十多年，除了持續點人工淚液，似乎也沒別的辦法可以解決。有一天，突然發現右眼瞼有一個硬塊，長得速度也蠻快的，開始覺得有些不對勁，心裡想最好只是脂肪瘤；但到了眼科去切除，醫生說這裡很少有脂肪瘤，不能確定是什麼，送病理科化驗，是急性淋巴增生，但不能排除是淋巴瘤。

淋巴瘤（Lymphoma），又叫做淋巴癌，也就是惡性淋巴癌；當還在思考各種可能性的時候，左眼又長出一顆，這次眼科醫生戰戰兢兢的把這顆切除，一半去做傳統病理檢驗，一半拿去做淋巴癌的分子生物檢驗。檢驗的結果就是淋巴癌細胞，局部二期，還好是中低度惡性的癌症，在治療上應該不大困難；但為求保險起見，

還是做了骨髓穿刺，萬一骨髓裡也有淋巴癌細胞，那就是第四期，就得做化療了，化療不成功，就只能期待骨髓移植。

骨髓穿刺手術是會痛的，但對我來說那都不算痛了；真正的痛，是等待期間的不安與煎熬。二期與四期，差之千里。

在這個時刻，面對生命的威脅，越是顯得自己的卑微。雖然自己心裡很堅定的告訴自己，不會有事！這段時間，我在我的隨身筆記本上寫下「時間、陪我、一個禮物、愛永不死。」

乍看之下，沒人看得懂的。「時間」是個卑微的請求，讓我多活五年，至少讓我把想做的公、私事做完，再給我五年就夠了！「陪我」，就是希望心愛的人能在身邊陪伴著我；「一個禮物」，就是希望得到一個值得永遠紀念的禮物，我帶著走；「愛永不死」，這是安德魯洛依韋伯的音樂劇《Love Never Dies》，我希望在離開之前能到倫敦去看這一齣音樂劇，雖然相較於《歌劇魅影》，它的劇本真的很爛，但是再爛也要去，不看會很遺憾！

不到一個星期的時間，結果出來了。我的主治醫師，也是慈濟醫院高瑞和院長打電話來，說骨髓裡並沒有淋巴癌細胞，二期淋巴癌用電療治療就好，如果經濟許可，自費做標靶治療，降低復發機率。

人，往往會有無止盡的貪婪、有無窮盡的奢求與慾望；也總認為癌症、疾病、惡運不會降臨到自己身上，覺得自己不應該那麼倒楣，那些應該都是別人的事，與我無關；但當真正面

臨疾病、死亡的威脅時，就會知道必須謙卑的面對它，學會如何與它共處。

現在我經過治療，癌症已經緩解，當然還是有復發的可能。不過經過這一折騰，倒是從疾病學到許多人生的大道理。老實講，學到什麼，我也說不上來。只是覺得，心理上更加悠然自在，世上沒有值得我去計較、擔心、憂愁的事了。

朋友，如果你現在是健康的，你應該要慶幸、要感恩，不要凡事抱怨、怪罪、放棄，好好過你的每一天；如果不幸，你必須與疾病纏鬥，就勇敢面對，總會有一些卑微的期待是可以輕易做到的！

給受癌症困擾的朋友

人一生，有百分之四十的機會會得到癌症，更正確的數字，男性有一半，女性三分之一。

癌症就像慢性病一樣，可以也必須與它和平共舞。有位癌症社會工作者說，她最重要的工作就是幫助病人重新思考生活，並從提高生活品質出發，癌症患者不能僅僅為了活命而生活，而應該是確保罹癌之後仍在享受生活。她是在教癌症患者如何繼續生活，而不是教她們如何面對死亡。

病人不要期望活到八、九十歲的高齡。別人都是想五年、十年的度過，而她建議病人珍惜每一年的光景。她也建議癌症病人制定短期計畫（一個月、六個月），而對於想制定較長計畫的人，她也樂觀其成，但是建議不要因為臨時必須更改計畫而沮喪。

她也建議病人將自己的疾病當成一本打開的書，翻開這本書就像在和自己的病情和治療交談。癌症會讓自己悲傷，但也會讓自己堅強，會堅定活在當下的信念。

生命的九十九個約定

秀蘭，是我在二〇一三年參加尼泊爾的安納普納基地營（Annarpurna Base Camp）健行活動中認識的山友。那一次，是由中華登山健行會辦的活動；當時我對她的第一印象就是「不會爬山」。

第一天開始走的時候，她連登山杖都不知道怎麼拿，走起路來像酒駕，我很納悶，她是怎麼被騙來爬山的？一路上她都走在最後面，為了鼓勵她，我用激將法跟她打賭，如果她能走到目的地ABC營地，我就輸她一百塊美金，或是請她吃一頓山頂上的香檳早餐。

尼泊爾是藏傳佛教盛行的地方，在山口、山頂、路口都可以看到登山客或民眾堆的祈福石堆「瑪尼堆」，是用來保護路過行人們的。印象很深刻的是，有天早上大家都找不到她，原來她早起後，花了一個早上，到山上堆了一個「瑪尼堆」，不曉得她心裡真正在想些什麼。

第二次碰到她，是二〇一四年去爬土耳其阿拉拉特山，她大約爬到四千七百公尺（山頂五一三七公尺），因為登頂速度太慢，估計無法在預期時間登頂，其中一位嚮導便將她和另外兩位無法再往上爬的山友先行帶下山，不過，這次她已經比我預期的要好許多了，四千七百公尺已經很不容易了！

二〇一四年底，她忽然寫了封E-mail給我，說她想去爬合歡北峰，如果有組隊她想參加；後來我們登山隊剛好安排爬合歡北峰，也邀請她一起參加。我還欠她一頓山頂上的早餐，結果爬到合歡北山頂上時都已經中午了，也沒早餐可吃，我欠的一百塊美金就繼續欠著囉！

之後她也跟我們登山隊去錐麓古道、大同大禮、觀霧、立霧山等，登立霧要經過恐龍背，是原住民舊有的登山步道，近乎垂直的路線，她居然順利登上，我心想，她對登山是越來越上道了。

誰知，二〇一五年初，經檢查發現，我得到淋巴癌，一連串包括切片手術、電療、標靶治療持續進行，約莫是四月時，她來看我，聊了許久才告訴我：她得到肺腺癌。

只是，關於病情詳細包括第幾期等問題，她都不清楚，我請她把病歷摘要寄給我，請慈濟的腫瘤科醫師看，她是肺癌第三期，可以做化療，化療效果好腫瘤消一些了，便可以考慮開刀；其實她二月就知道自己得了肺癌，但是沒積極處理，後來

在五月時開始接受化療，七月結束療程，和信評估的結果，是建議開刀切除左肺；排了開刀的時間，但因為化療副作用高血壓沒有控制好，她告訴我：無法動刀了。

還能做什麼？也許有新的標靶藥物，或者免疫療法、血管生成抑制劑等，現在治療第四期肺癌進步許多，只是針對她的癌細胞有沒有療效，就很難預測。

身為一個醫療人員，對於這樣的結果總是感到極端的無力感，有許多機會都是稍縱即逝，但是也有許多未知數，因為肺癌若有症狀出現，通常都是晚期，或者開始轉移了，開刀不一定會有幫助，如何治療是病人自己的選擇，怎麼也勉強不來，也無法提出任何醫學上的保證。

醫學有其極限，人不一定能勝天；人在無助的時候總會向老天祈求，希望有無形的力量能讓奇蹟出現。我雖是一個學科學的人，也免不了懷著這人之常情，向老天請求，保佑秀蘭的肺癌能夠得到控制；也許科學無法解釋的命運，真能得到一些奇蹟。

在那段時間裡，我跟她說，如果治療好了，我便陪她爬九十九座山！可惜她的病情急轉直下，在與死神搏鬥二年之後，還是安靜平和地與大夥辭行了。生命的九十九個約定，只能等待來生再去完成。

輯二

簡單生活就是幸福

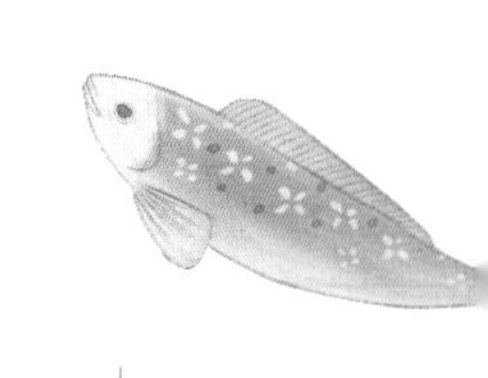

看見平凡中的幸福

我們的山友社，每個月定期會有登山活動，某次安排的地點是位於基隆山後面的「無耳茶壺山」，就是在著名的水金九（水湳洞、金瓜石和九分）後方的山上。

我們的登山隊沒啥志氣，一般來講就分幾隊，老弱婦孺走B隊，我帶隊走A隊。B隊直接登上無耳茶壺山，而A隊則要先走「燦光寮山」，經過「半屏山」到「無耳茶壺」再下山，所以A隊的路線是比較長的，大概要五個鐘頭。

在半路上，我們碰到一對老夫婦，他們從瑞芳搭公車，走半屏山到無耳茶壺山。老先生今年已經七十三歲，太太大約六十五歲，看起來就是一對很有修養、有禮貌的夫婦，感覺上像是退休的上班族。

半屏山上的夫婦

從半屏山登山口到無耳茶壺山只有一・六公里，但爬起來算是有點困難的，不是座平易近人、老少咸宜的山。在快到半屏山的路上碰到這對老夫婦，他們坐在山路旁休息，因為認得我，就打了個招呼。這位老先生很好玩，一直在拜託他太太「拜託啦！我們繼續走」，看起來老先生很想要繼續爬完，但是太太卻很堅持說「不行，要回去了」。

可是，已經快到無耳茶壺了耶！前面也只剩一半的路程。只是在前方的路程上，有個山溝和一個山洞比較不好走，所以老太太不想繼續爬。熱愛爬山的我，也加入了勸說太太的行列，「你跟著我們一起走呀！人多就不會怕呀！」

我說，跟我們一起走應該會很安全，我們有八個人，又有一些壯丁，五男三女都是比較有登山經驗才敢走A隊的路線。猶豫了半天，老太太才終於被說服跟上來了。

一路上到了山頂，休息時間吃個月餅、柚子呀、一起聊聊天，大家也都不覺得他們爬山有什麼不方便或困難，即使在最後面慢慢走也跟得上，接著就一起繼續走。

健步如飛的老太太

這段路上，確實是有兩個比較不好走的地方，第一個是差不多二十公尺左右比較垂直的山溝，必須沿著溝壁慢慢往下爬，但事實上它並不危險，之前已經有人在每個步伐的距離都鑿了一個洞，讓腳有固定的地方，兩側也都有很粗的麻繩可以拉，但是因為它蠻高的，所以如果沒有力氣，還是會有風險。因為我們隊上也有女生，所以大家就一個照顧一個，慢慢下來。

結果我才發現，原來走不動的人，不是他太太，而是老先生！老太太的手腳非常俐落，三兩下就下去了，老先生卻慢慢走、慢慢走，當然也沒有什麼危險就是。

不過我開始納悶了，不是老太太不走嗎？怎麼會是老先生感覺上體力呀、步伐上都比太太慢呢！太太才說，原來老先生之前才跌倒，手腕有骨折過，所以老太太不希望她老公去冒險。大家才恍然大悟說，居然是這樣的情形，我們還特地派一個男生去保護老太太，結果老太太健步如飛的就下山了。不論如何，順利經過第一個關卡，大家還是開心的繼續往下走！

後面第二個比較困難的關卡是一個山洞，山洞也是一樣要拉著石頭壁慢慢走下

來，雖然人比較多，時間比較久，但還是都很順利的通過了這些困難的地方！

A、B兩組會師

過了無耳茶壺山洞之後，就是新北市政府已經修築過的石階了，大部分的人都是從這一面來回無耳茶壺山，所以這段路已經整修得非常好走。沿著石階一直下，就到勸濟堂登山口。這一側，倒是非常安全、老少皆宜的登山步道。

我們A、B兩組會師後，就在無耳茶壺下方的涼亭休息，喝喝啤酒、吃花生、點心，當然也邀請老夫婦一起來閒話家常、把酒言歡一下，不過老夫婦只是一再道謝，仍然堅持要慢慢走下山，回家去。

幸福，其實很簡單

老先生帶著完成願望的心情返家，如果沒有碰到我們，他可能無法完成這段路程。看著老先生與老太太牽著手走下山的背影，突然有一種「幸福，其實很簡單」的感覺湧上心頭！

幸福，不是去爭財富地位等就能夠得到的，再平凡的生活，也可以看見幸福。原來我是寫道：「幸福，就是『爬山友人陪、美牛有人烤、生鮮有人烹、紅酒有人送』」，今天看見平凡中的幸福，感到自己太庸俗了！原來，幸福是可以很簡單的！

天鈞的花蓮假期

申請替代役

天鈞是我的小兒子，大學畢業後申請服替代役。我很納悶為什麼他符合替代役的資格？原以為是用抽籤的，但答案是他的爸媽都滿六十歲了，所以有優先服替代役的資格。

天鈞申請替代役的第一個志願是「外交替代役」，但今年去史瓦濟蘭服替代役只有一個名額，而符合資格的五個人就用抽籤的方式來選，結果他只抽到備取，所以難免有些失望。

史瓦濟蘭是一個很落後的國家，這個外交替代役的職位是在當地的中央醫院工作，由北醫的一個常駐醫療團派了幾位醫護人員在那邊服務。只是你聽到「中央醫院」，可不要期望太高啊！它就像我們臺灣很偏鄉的一個地區醫院，有兩百床。不過這個國家的人口有一百萬人，理論上應該要有一個比較像樣、大型的醫院才對。

史瓦濟蘭的平均壽命不到四十歲，全國有百分之四十的成年男子感染愛滋病，其它的病也是一大堆，像是黃熱病、感染症、營養不良等。這國家的國王每年都會來臺灣一次，而且每一次還都帶著不同的老婆來臺灣。想到這些，只能說能夠去服外交替代役是一種歷練，但不能去也是上天的另一種安排吧！

天鈞第二志願是去做「消防替代役」，臺大護理系畢業的他，有拿到EMT-1的資格，所以他想去當緊急災難救護員，能夠開著救護車到處去救人，在他的想像中，這個職缺就是要值班，而且要會開救護車，所以他就跑來花蓮說要學開車。

最後的結果跟他原先的期望有點落差，他抽到衛生福利部花蓮醫院的職缺。我問他是不是因為爸爸在花蓮，所以才申請分發花蓮，但他說是抽籤的，就只是依專業背景分類後，再統一抽籤。

到花蓮學開車

在他考完國家考試，等待替代役報到前，中間有個三天的假期，他就跑到花蓮玩，當然主要目的是來學開車。暑假期間，剛好我也比較有空，所以除了開車以外，還能帶他到不同的地方轉轉。

慈濟大學鄭仁亮教授帶大家去磯崎衝浪，這是很難得的機會，我這輩子還是第一次衝浪呢！小孩子真的學得很快，一個鐘頭後，就能夠在滑板上站起來，還能撐一會兒，比起我，真的很不錯。衝浪還是屬於年輕人的運動，雖然我想學來鍛鍊平衝力，但因為之前手曾受傷，我沒辦法瞬間用手把身體撐起來，只能趴在浮板上來衝浪。

三天的時間也不能天天都在練開車，所以我們又跑到鯉魚潭去划獨木舟，不過因為手受傷的關係，我已經好久沒有划獨木舟了！結果他一下去划，就不想上岸了，害我在旁邊無聊得要命，只能沿著湖岸慢跑，等他上岸。

衝浪、獨木舟、觀星

再來是參與我最喜歡的運動——爬山，這次帶他爬鯉魚山和立霧山。平常跟同事、朋友一起爬鯉魚山，為了配合大家的腳程，我都爬得很慢，平常去鯉魚山，來回大概要兩個鐘頭；但跟兒子一起爬鯉魚山，大概一個多鐘頭就可以來回了。平常跟朋友去立霧山爬到大禮部落再下山，至少也要四個鐘頭；但跟腳程快的小兒子去，就只要三個鐘頭。很開心自己寶刀未老，還跟得上年輕人啦！

天鈞說想去游泳，所以我就帶他去謝深山常去的茖溪游泳，但因為那裡認識的人很多，我也不好意思下去游，只能在臺九丙路上邊慢跑、邊等他。

到了晚上有點無聊，我倆就跑到光華工業區花蓮溪入海口附近的海邊觀星、拍星座。很幸運的，那幾天剛好有英仙座流星雨，所以兒子在那邊照相，我躺在海邊看流星。除了流星以外，還有空軍基地正好在做夜航訓練，兩臺快慢不一飛機，在空中繞圈追逐，很是精彩！

三天假期就這樣，走了一趟大部分人來花蓮都沒機會走的行程。

父親節的禮物

當爸爸的我，平常只能從Facebook看看兒子在做些什麼，其實，多數時間我也看不懂年輕人的語言。雖然這次小兒子是為了學開車才來花蓮找我，也沒機會跟我說覺得好不好玩，我不太確定這算不算是他一個美好的回憶。

後來，小兒子回臺北的時候，說了句我很少聽到的「謝謝爸爸」，對我來講，這是一個非常扎實的父親節禮物！因為我從來沒有跟兒子單獨相處那麼久，雖然都是他自己在玩，我只是在旁邊陪。

我想，天下所有做爸爸媽媽的都是這個樣子，「當你需要我的時候，我永遠都會在旁邊支持你！」

我是一條魚

我的運動生涯在五十歲以前都是以登山為主，五十歲之後，加入臺北市政府團隊，當時馬英九市長喜歡跑步，我才開始跑步。跑步跟爬山同樣能鍛鍊心肺功能，但使用的肌肉群完全不同，不過我也很快就上手了！一開始跑五公里，接著十公里，接著後來馬拉松二十一、四十二公里也去挑戰。

後來金溥聰副市長邀我去參加鐵人三項，他說：「你既然會跑馬拉松，鐵人三項應該也沒問題！」所以我又開始接觸游泳和騎自行車，騎自行車很簡單，需要的是耐力。

我本來不太會游泳，為了參加鐵人三項而去學，我只會游蛙式，技術不是很好，每次在第一項游泳時都是靠著蠻力把一千五百公尺游完，但通常已開始落後大家一大截，而且體力的消耗相當大。接下來第二項的四十公里自行車，和第三項的十公里跑步，我就會感到非常疲憊，甚至沒辦法在規定的三小時四十分鐘內完成賽程。

魚式游泳（Total Immersion）

同事張慈桂老師之前給我一本書，書名是《魚式游泳》，英文叫做《Total Immersion》，就是「完全潛入水中」的意思。我雖然看了，但不太懂，後來這本書的作者舉行書籍發表會，聯合晚報項國寧社長是主持人，他邀我去致詞，我就跟他說：「我不是很會游泳！」項國寧社長說：「你不會游泳就更該去聽啊！」

作者在發表會上，利用一些影片來介紹「魚式游泳」跟靠蠻力的游泳有什麼不同？一般人的想法就是「求快」，而且本能地會急著想探出頭來呼吸，無形中造成揮臂跟踢腳是無效的動作，導致體力消耗過大。

所以作者播放一些「魚式游泳」的影片，要我們想像自己就是「一條魚」，潛在水中，必要的時候才抬頭換氣，希望能更加流暢地在水裡游泳。

教室就在水族館

後來一個偶然的機會，我到上海開會，空閒時去水族館閒逛，想起作者說游泳要想像自己是一條魚，我就仔細去觀察魚的游泳方式，真的發現魚並不是靠牠的鰭在游泳，魚鰭只是控制上下左右的方向，而身體的擺動才是前進的最大動力。

水中滑行的海豹

突然間，有一隻海豹衝進我的視線，嚇了我一大跳，這時我的目光都被牠吸引過去，因為牠跟魚不同，海豹比較像人類，有龐大的身軀，還有已經退化的手腳，而且也要離開水面呼吸。

海豹的兩手幾乎沒有作用，腳也只有控制方向的功能。牠身體用力一擺，兩手緊貼身體、全身不動，就像滑行一樣，距離拉得很長，可以從水族箱的這一頭滑到另一頭，迴轉時則手腳並用來改變方向，游起來一點也不費力！

體驗我是一隻海豹

這時我終於茅塞頓開！我覺得不是要想像自己是一條魚，而是要想像自己是一

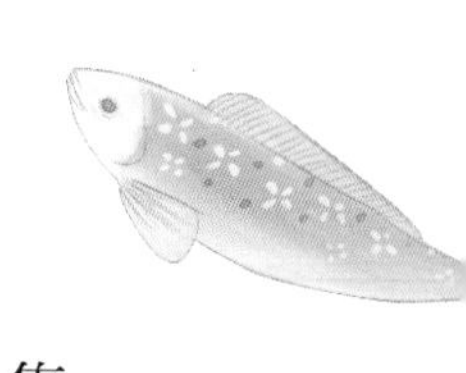

隻「海豹」，比較貼近人類的想像，我了解到「完全潛入水中」的真意。

我回到飯店後，迫不及待地衝到游泳池去試試看，發覺真的比較順暢，而且輕鬆多了；作者也提到，魚式游泳並不是要讓你游得更快，而是要讓你游得更持久，所以對於一些長途游泳者非常受用。

學習的樂趣

雖然我年紀已經大了，但是學習是永無止盡的，我從自己亂游，到看書、聽演講、看影片，最後看到魚和海豹游泳而了解，學習過程雖然曲折，但也從中得到了頑童式的學習樂趣。

原來我的同學都是鑽石

我是民國五十七年進入臺大醫學系，六十四年畢業；畢業四十周年的同學會，是我心中的Lifetime Events，是一生不能錯過的盛會。

報名參加的同學有六十四位，加上眷屬大約近百位，算是空前的紀錄。席間不乏專程自國外回臺參加的，自美國返臺的最多，也有兩位從日本及馬來西亞回來的，非常不容易。當然，同學百百種，現任西園醫院院長陳淳也是我同學，他痛罵我開辦健保，是馬英九的馬前卒，事實上，健保是李登輝總統開辦的，我也離開健保十七年了，健保的是非，歷史自有公斷。不過，同學會和個人事業是兩回事，我老了，也生病了，實在沒力氣和時間去爭論這些了。

同學會共兩天。第一天是別開生面的會議和晚宴，應該沒有人同學會用會議形式舉辦的吧！六位自美國返臺的同學好用心，特別演出一段短劇——「實習醫師的第一天」，讓我們回憶了四十年前第一次當實習醫師的酸甜苦辣。

臺大名醫張天鈞也花了幾個月的時間，把同學們提供的照片剪輯成影片——「我們這一班」，從入學的那一天起，一直到大家成家立業、兒孫滿堂，都做成了紀錄，更把這二十五分鐘長的影片，製作成DVD送給每一位同學。

同學中有兩位是牧師，翁瑞亨曾到泰國曼谷基督教醫院做院牧；另一位同學蔡茂堂剛從和平教會退休，在同學會上播出他的退休感言，讓在場的每一位為之動容。作家王溢嘉也是我們的同學，他棄醫從文，作品更入選國中、小的國語文教材，年輕人應該都知道他，他寫過《實習醫師手札》、《蟲洞書簡》等，青少年最為熟悉的作品應該是《青春第二課》。他在大學時老是脫線，但現在華語世界裡都看得到他的作品，也經常到處去演講，現在風流倜儻、白髮帥氣有型，可謂今非昔比！

同學中還有三位音樂家。林肇華很早就退休，專心編寫臺灣管弦音樂，與故鄉交響樂團合作，也在國家音樂廳演出。另一位是演奏家，輔仁大學校長江漢聲，他年輕時講黃色笑話很厲害，但是到了輔大這個天主教學校就不能講了；他的鋼琴演奏可了得，新光醫院吳董事長還曾為他送輔大兩、三百萬的演奏鋼琴。另一位同學楊士宏曾經到茱莉亞音樂學院去學指揮，他號召醫院裡的醫生、護士義演或募款演出！他仍繼續行醫，這是醫療外的音樂人生。

最令人意外的應該是林芳郁，我總是虧他很不會講話，但每每此話一出，他的太太林靜芸馬上跳出來辯護：「他不會講話，但是很會做事啊！」林芳郁做過衛生署長、臺大醫院院長、榮總院長，現任亞東醫院院長，這應該是空前絕後，很難再找到這種人了。林靜芸是整形外科名醫，她說：「我口才這麼好，也只是做一家診所的院長！林芳郁口才不好，竟然做了衛生署長，還有三家醫院的院長！」

我們這群同學很多元化，侯勝茂和劉秀雯伉儷送所有同學《古典音樂中的國歌》，是很有創意的音樂CD。同學陳瑞雄和我們大談casino經驗，教了大家一大堆的撇步，最後結論是「別想在賭場贏錢！」我的專長是吃喝玩樂，所以放了去加拿大育空河泛舟之旅的影片，這段影片的攝影、剪輯、配樂，都是我用繪聲繪影做的！有一位專程從馬來西亞回來的同學何聖言，他想投資臺幣六、七億在馬來西亞蓋一間私立婦產科醫院，將在二〇一八年落成，大家就起鬨二〇一八年到馬來西亞辦同學會！

大家還集體創作了一幅畫，這是楊光榮醫師準備的。每個人在上面蓋上鳥足印然後簽名，進行拍賣，一千元起標，最後由柯滄銘同學以十萬元得標；而有喊價出標的同學，也必須捐出出標金額的十分之一，所得到的款項將捐給「汽車安全協會」和「基督教蘭恩文教基金會」。

晚宴時另外有一個節目「Q&A」，是醫學問題的問答活動，結果一群醫師輸給楊士宏夫人，她是學社會學而擅長音樂的！當然還有很多精彩的報告，臺大的陳世乾、美國回來的游璧如等，都做了精彩的同學現況介紹。晚宴當然免不了有卡拉OK和那卡西；很讓我驚訝的是，大家都唱臺語歌和廣東歌，國語歌比較少，不過，不管什麼曲調，都是老掉牙的老歌！

這麼一次難得的畢業四十年同學會，套句劉素嬌同學的說法，「當初班上同學看起來都普普，像是一堆玻璃；沒想到過了四十年，現在看起來，原來都是鑽石！」

曲終人散前，我說，如果我還能活十年，我願意再辦畢業五十年的同學會！不過，我現在累了，也病了；給我九年好好休養生息，以後再說吧！

吃什麼好？

前幾年一連串食安問題，先是混合油的問題，然後是油品中加入銅葉綠素，泡麵油包檢出重金屬，再來是斗大的週刊封面「牛奶駭人」，把民眾駭到不知道要吃什麼好。民眾也被迫養成一種「防衛性飲食行為」，媒體報什麼，民眾就不吃什麼，不管它是真是假。不過，媒體沒報導的，還是有些食品有問題，譬如有防腐劑、抗生素、農藥、重金屬等問題，這些問題並不會因為媒體沒報導就消失，也並不會因為媒體報導了，某些食品就特別毒！

食品安全是一件非常複雜的事，有害物質有些在極微量時人體是可以分解或排出的，但是有些則是人體無法處理，因此每個物質在人體容許量（或是可忍受量）

是不同的，要求每個物質零容許（或是零忍受）、零風險有些時候是做不到的（大自然中就含有或無法避免），也不必要的。水和空氣中就有極微量的有害物質，只是未超標，不必擔心影響健康。世界先進國家通常都有可參考的規範，實在不必閉門造車，自己嚇自己。當然，人為或蓄意的加入有害物質，應該防止或避免，即使還不到真正對人體健康有影響。

反過來說，不當的飲食和不當的處理食物，即使食品是合法合標的，造成的健康風險有時是比大家擔心的極微量有害物質更可怕。

影響健康最大的食品

其實，影響健康最大的單一食品應該是「反式脂肪」，反式脂肪就是氫化脂肪、植物奶油。流行病學界近年才確定，它就是造成心血管疾病最重要的元凶。這

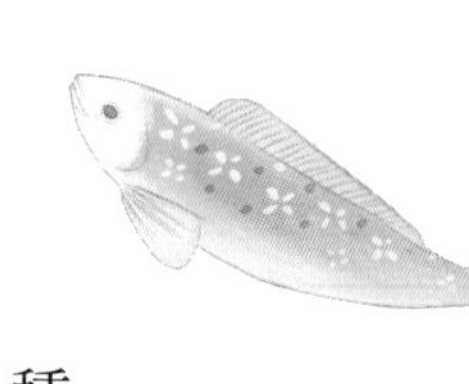

種塑膠油的殺傷力非常大，但大家居然都不怕？當你看到有些小孩天天吃炸雞、炸薯條，小三、小四就來月經，真無動於衷嗎？學界應出面呼籲政府盡快全面禁用人工反式脂肪。

再來就是「含糖飲料」，像珍珠奶茶、泡沫紅茶，是高熱量、高糖分的飲品！平時喝白開水最好，綠茶、玄米茶、人蔘茶、芭樂茶等都好，就是不要含糖飲料、碳酸飲料、和添加奶精（反式脂肪）的飲料！

混合油真正的危險是使用方式，不是它每一單項油的品質，如果混合油把高溫油、中溫油、低溫油全部混在一起，那到底是要炸、要炒、還是拿來涼拌？要使用油，就不要用混合油！

此外，不正確的烹調方式，造成的問題可能比混合油還大，混合油可能還是同一性質的油混在一起，但如果把低溫油拿來炒跟炸，是非常不當的，而用高溫炸雞塊、雞排、薯條、洋芋片，是不健康的食品，用回鍋油炸食物，更是危險。

正確飲食觀念更重要

要享受健康快樂的飲食，第一個原則是儘量不要外食。早餐吃豐富一點，這樣外食的量就會減少。肉、魚、蝦、貝，當然都是可以吃的，只要是新鮮的，不要天天吃同樣的食物就好。多吃天然的食材，那種可以看到天然形狀的食物，水果就是水果的樣子、蔬菜就是蔬菜的樣子、肉就是肉該有的樣子！蔬菜、水果只買當地、當季最多的、盛產的食材，便宜、環保又愛農民。正確的飲食方式更重要，要吃美牛、喝紅酒、吃肥蟹，飯後冰淇淋、甜點，當然沒問題，一周一兩次，放心去享受，適可而止就是！

每年，黑鮪季、旗魚季、曼波魚季，把這些動物吃到快瀕臨絕種，浪費錢又破壞生態，拜託不要再吃了！不要吃山珍海味，魚翅、燕窩、山羊、水鹿，都不會比一般食物有營養價值。

健康食品的謬誤

市面上的健康食品琳琅滿目，補腎、養肝、固腦、顧關節、補鈣等零零總總，這樣吃真的有「補」對身體？補過頭傷的是你的肝、腎，像紅麴雖然有降血脂功能，但不代表紅麴餅乾就能一直吃啊！吃多了反而是澱粉醣類這些成分把身體養胖了。優酪乳，當然裡面有好的腸道菌，但同時它也是高糖和澱粉食品，吃多了就是不健康的食品！

維他命吃多了，特別是脂溶性維他命，無法排出，造成肝臟負擔。所以這是

「量」的問題，而不是這食品補不補的問題。再好的健康食品，吃過頭對身體都是一種負擔！有一天聽到一位女士說，橄欖油是好油，所以她買了一箱來喝，我聽了瞠目結舌，不知道她如何喝、喝多少？也不曉得如何接下去與她對談。

飲食教育是根本

要怎麼吃、該吃什麼？這些問題必須回歸到最根本的飲食教育！健康飲食方式和健康風險的概念是每一個國民必須具備的基本常識。如果每天被媒體駭到半死，食不知味，夜寢難安，這樣的生活倒真是悲哀！唯有從學校教育、社會教育著手，對飲食安全、健康風險、飲食健康等有基本的常識，才能給國人一個安心又健康的生活。

輯三

百岳登高，深度旅遊

六十歲的百岳

「人生如果沒有夢想，生命就不再美麗。」六十歲之前，如果你問我有哪些夢想要完成，我的第一順位永遠是：完登百岳。選擇登山做為我的主要休閒運動，應該說，登山不只是運動或休閒，而是要帶著夢想，去追尋生命的色彩。

完登百岳，對某些人來說可能很簡單，但對我來說，這美麗的夢想，我可是拚著老命花了四十年才完成的。我在慈濟大學教書時，常跟學生說：「年輕人要有活力、創意，就像旭日東昇；中年人要以事業健康為重，就像日正當中；到了老年，應該顛覆夕陽無限好的觀念，仍舊要保有一些創意，追尋年輕時錯過的夢。」

登山是我美麗人生的一部分

為什麼想做這件事？這是一個很個人的，甚至可以說很愚蠢的夢，爬「百岳」，不僅需要熱情與堅持，還要有登山常識、要挪得出時間、要找到志同道合的山友相伴。攀登臺灣高山，可說是一項充滿風險的運動，會遇到颱風、下雨、缺水、路滑、摔跤、結冰、斷崖、山崩或通訊不良等，不是那麼好玩，必須要有一些智慧、耐心與毅力才能完成。就算攀完百岳也沒什麼了不起，也不會有人去頒獎表揚，一切說來，就是自己的選擇。但是，

二〇一〇年六月，我登上最後一座百岳──新康山頂，完成了攀登百岳的夢想。爬「百岳」不僅需要熱情與堅持，還要有登山常識、要挪得出時間、要找到志同道合的山友相伴，我可是花了四十年才完成這美麗的夢想呢！

登山時的自在與優閒，不是任何財富可以買得到，這是登山的真諦。

其實，生活跟登山一樣，不一定總是輕鬆或如意，有時候甚至很艱辛、痛苦。不過，在山上能跟山友一起打氣、扶持，在青山綠水中醞釀智慧，向大自然祈求靈感與想像，調節生活中的挑戰、尋找繼續向前邁進的鬥志……，這些都是我熱愛登山的原因。

任何人都可登上自己心中的三角點

我在六十歲的生日時，出版了《行男百岳物語》這本書，由衷地想與大家分享登山運動帶給我的感動，吸引更多人體驗山林之美。寫書，並不是要和爬百岳的人較勁，只是想讓讀者瞭解山友的心情，為什麼他們會這麼喜愛山林，分享對山林的熱愛。

很多人熱愛山林，卻因為忙於工作，不斷延後親近山林的渴望，臺大公衛學院前院長林瑞雄教授就令我印象深刻。林教授六十五歲時，終於下定決心要去爬玉山。為了完成他的夢想，我協同李龍騰醫師、我兒子人豪陪他攻頂，林教授到了排雲山莊時高山症發作，我告訴他：只要勤練體力，便可克服高山症，然而，他感嘆地說：登玉山，就等下輩子吧！

臺大醫院內科醫師陳惟浩，山友都稱他「浩子」，有次健康檢查被診斷得了腦瘤，之後失蹤了一陣子，原來是利用僅剩的生命去爬還沒完成的山，雖然最後因腦瘤過世，但他請山友把部分骨灰撒到合歡北峰。

我很驚訝，有人如此愛山，直到去世還想和大地為伍，自由自在的與大自然融為一體，這讓我想到一首日本歌曲《千風之歌》，這首歌彷彿道出他的心境，儘管因病去世，依舊會化為千風，化為飄揚在山岳中的輕風陪伴我們。

親近山林，壯遊臺灣

我不是運動選手，但可以花四十年爬完百岳，靠的是我對山林的熱愛和親近山林的意志。想親近山的人要說服自己，創意和毅力是每個人都擁有的，關鍵在於自己要不要發掘和實踐。之前，好友張鴻仁和郭旭崧知道我將完成百岳，想趕在我完成最後一座山（新康山）前，早我一步爬完第一座玉山和第一百座羊頭山，這對他們來說，有頭有尾，把百岳從頭爬到尾，發揮十足的阿Q精神。

百岳的時代已經過去

在《行男百岳物語》一書中，我也記錄下一些山友的故事，書中想傳達一個觀念，「並非要爬完百岳才叫爬山」。百岳的時代已經過去了，我想要推廣更平易近人的登山運動，而不是推廣門檻較高的登百岳運動。

百岳有好幾座我不敢恭維的山頭，像是合歡山西峰、小劍山、武陵四秀中的喀拉業山、南湖大山旁的馬比杉、秀姑巒、馬博拉斯旁的駒盆山、玉山南峰旁的鹿山，都只是大山旁的小丘陵，除了耗費很大的體力外，展望不好，風景不佳，讓我覺得是當初四大天王整山友的傑作。

當初他們選擇百岳，主要是作為登山者挑戰自我的目標，也因為考量到地點需平均分布在全臺，加上些趣味性，而做了這些選擇。目前時空環境已改變，有些山其實不是一般人所能負荷，而且因為近年颱風、強降雨，登山步道崩塌，國家公園封閉登山道等因素。登山界應該正視這個問題，重新界定登山界的目標，環境、生態與休閒、娛樂之間的平衡，步道、山莊、避難小屋、食宿安排等，應該有一個整體的看法，讓臺灣登山健行活動有一個嶄新的出發。

瘋狂的六十五歲生日禮物

「每個人心中都有個瘋狂計畫，但如果只是在腦海裡想，永遠都只是想像。」原本我計劃六十五歲生日時，要高空跳傘，為退休生涯留下一個特別的註記，但因發現罹患第二期的淋巴癌，需進行約半年的電療與標靶治療，因而延宕了這計畫。我記得做完整套療程是二〇一五年六月二十五日，距離生日僅有四天，考量到剛做完治療，體力還未完全恢復，因此改為邀請老友、同事、學生，以晚會和BUFFET來慶祝生日。

不同於一般人慶生只是吃飯、聊天，我的生日聚會上安排了一些節目，我安排朋友演奏、歌唱、演講，我也上臺分享了抗癌心境的轉折、對未來的期盼等，當然我很享受這次自在又溫馨的聚會。儘管辦了聚會，仍未放棄原先想去跳傘慶生的瘋狂想法，於是決定在二〇一六年元旦時去紐西蘭（當地是夏季）完成這個夢想。

二〇一五年年底，出發飛往紐西蘭，此趟行程，除了要跳傘，還安排走「米佛峽灣步道」及「路特本步道」，爬兩座一千八百公尺高的山。米佛步道堪稱是紐西蘭南島最漂亮的步道，一般人來此主要是坐船欣賞峽灣風光，而我則是一步一腳印的走完步道，飽覽了美麗的峽灣山色。

整個登山行程共八天才完成，八天後抵達峽谷的出口，回皇后鎮住宿休息，預備二〇一六年一月一日從皇后鎮出發，搭乘第一班小飛機，前往高空跳傘處。

其實，許多住在皇后鎮的觀光客，都是要去全世界第一個高空跳傘的發源地——Kawarau Bridge體驗高空彈跳，我在之前就曾體驗過，那個橋高度四十四公

二〇一六年一月一日，六十五歲的我從紐西蘭皇后鎮出發，搭乘第一班小飛機，成功挑戰四千公尺的高空跳傘。

尺，從橋上一躍而下到接觸水面只需三秒，非常刺激。教練會先幫體驗者測量身高、體重，先詢問體驗者想要碰到水面，還是要墜落後離水面有點距離，之後調整好繩索，體驗者便可從橋上一躍而下，體驗自由落體的速度感。但高速垂直的俯衝感覺還是非常刺激。我心想，這次要從四千公尺的高空跳傘，應該更為驚險。

先前我以為跳傘需要經過許多訓練，沒想到事前教練只是給我看十分鐘的教學影片，提醒我在空中時，身體不要像龍蝦一樣縮起來，要讓身體保持像香蕉般的弧度，聽教練指揮，把雙手放開，落地時，雙腳高抬，以屁股落地，就這樣搭機出發了。

我是一月一日搭乘第一班小飛機，第一個跳傘的體驗者，教練手腕上帶著高度錶，等待飛機顯示綠燈，倒數完三、二、一，我與教練就從四千公尺高的小飛機上一躍而下，剎那間只感受到強烈的風迎面吹來，但因為高度太高，視線所及只見腳下的湖泊、草原及小鎮都好遠、好渺小，絲毫沒感覺自己正快速的墜落地面，我感覺時間過得好慢，還來不及意會，教練就叫我把手臂撐開，說已經過了四十五秒，要打開降落傘，然後震動了一下，便緩緩降落了，記得從拉傘到觸及地面不過三分鐘。沒想到整個過程這麼快就結束了，回想一開始先搭小飛機，花了十來分鐘才慢慢爬升到四千公尺的高度，但從高空跳傘降落到地面，卻只花了短短三分鐘。

很多人問我高空跳傘是什麼感覺？老實說，高空跳傘無法和刺激的高空彈跳相比，因為距離地面太遠，感覺不到貼進地面的壓迫感，所以不如想像中驚險。整個活動包含實際體驗、實況錄影及剪輯成光碟留念，共約紐幣六百多元，不便宜，不過，是值得紀念的體驗。很幸運的是，我是搭第一班飛機第一個跳傘的人，搭乘第三班飛機要跳傘的人，因為天候因素，活動被迫取消，深深覺得自己很幸運，沒白跑一趟！

現在如果有人問我：大老遠跑來體驗，這輩子最驕傲的事是什麼？我會說「是六十歲爬完臺灣的百岳、六十五歲體驗高空跳傘。」人生是一個綿延不斷

紐西蘭之旅除了體驗高空跳傘，我還造訪了知名的高山步道「路特本步道」，欣賞南阿爾卑斯山脈壯麗的景色。

的旅程，在每個生命的里程碑安排值得紀念的活動，就永遠不會忘。

當然不一定要選擇跳傘，也可以是別人沒想到，但你喜歡，實踐了會終身難忘的嘗試，或到阿拉斯加划獨木舟，或去看極光、爬富士山。假如你心中有個Crazy Idea，別遲疑，開始計劃，完成這件讓你引以為傲且值得紀念的事吧！

「跳傘」是我六十五歲送給自己最驕傲、最瘋狂的生日禮物。只要你相信「Be unique. Do something you like!」

人生是一個綿延不斷的旅程，在每個生命的里程碑安排值得紀念的活動，就永遠不會忘。你可以選擇自己喜歡，實踐了會終身難忘的嘗試，例如到阿拉斯加造訪冰河灣或划獨木舟（如上圖），或去看極光、爬富士山。如果你心中有個Crazy Idea，別遲疑，開始計劃，完成這件讓你引以為傲且值得紀念的事吧！

美麗的天祥塔比多

之前因為陸客開放、自由行與背包客風氣盛行，到太魯閣國家公園的觀光客越來越多；另外因為落石問題，多半遊客僅止於太魯閣管理處、神祕谷（砂卡礑）、長春祠、布洛灣、燕子口，頂多到慈母橋、綠水一帶。自由行旅客才會到慈母橋、綠水、天祥等景點；不過，大部分團客都是到燕子口就回頭了，頂多再走一個景點到流芳橋。在到處都是外國遊客的狀況下，臺灣人到這裡就顯得無趣；像我這種住在花蓮的人，當然就要去一般遊客不會到的地方。

如果要到天祥，一定得趁著遊客還沒抵達前就上山，大概八點以前就必須上去；又或者到大同大禮，溯砂卡礑溪而上，到達這個遺世獨立的部落；一般遊客就算要溯溪而走，頂多也只能走到三間屋，塔比多部落是一個太魯閣族的昔日聚落，因為路不好走，中間有斷路，所以人煙罕至，幾乎沒有人會再往上走了。

我想說的是，天祥真的是一個非常美麗的地方。天祥的許多景點，細緻優雅又有故事，比較像是家常小菜，不是波瀾壯闊的滿漢全席，卻能把天祥粧點得饒富味道。

先來說天祥這個地名，天祥舊名塔比多，大家比較耳聞的應該是救國團的天祥活動中心，旁邊就是文天祥雕像和公園；那裡還有一座天祥教堂，但附近居民漸少，牧師退休後，教堂現在已不宣教，而是由兩位原住民夫妻改為民宿在經營；教堂旁邊就是天祥白楊步道，可以通往白楊瀑布，但這段路除了有階梯，還有需要攀爬的岩壁，爬大約一百公尺就可以看到塔比多部落的遺址。

「中橫臺八線」是去天祥必經之路，風景迷人。

太魯閣國家公園原有的原住民部落都是小群聚，像布洛灣也是，這區的地形最寬廣平坦，營造成有原住民特色的園區，尤其圓形劇場，去過的人都印象深刻。布洛灣的對面就是錐麓古道，燕子口吊橋上去有個地方叫巴達岡，原住民的話是綠竹的意思，那裡也有一個部落遺址。

大沙溪與塔次基里溪在天祥匯聚成立霧溪，所以這裡是長年經過溪水沖積，由萬年水刀雕刻出種種美麗地形的地方。我經常從太魯閣口或長春祠騎車到天祥，大約要一小時的時間，但是得由海拔六十公尺爬升到四百七十公尺左右，是陡坡路段。這段路終點有個很棒的地方，就是太魯閣晶英酒店前面的廣場，有椅子、有桌子，可以在那裡泡茶、聊天和休息。

若是想好好認識天祥，來個深度之旅，就應該住在天祥，到處走、到處看，這裡有鑾多可以住宿的地方，像太魯閣晶英酒店、天祥活動中心、天祥教堂，還有一些小型的民宿；文山現在不能住宿，但文山再過去，有個可住宿的地方叫谷園。

在溪水交匯處，有座祥德寺，倚著中央山脈，前臨立霧溪，有著世界最高的地藏菩薩金身像；還有在天峰塔前的白衣大士雕像。祥德寺號稱靈山聖地，信徒不少，信徒可以奉獻磚或瓦或柱，為寺方的維護帶來不少益處，前去求靈籤的人也很多。不過，最舒服的應該是坐在祥德寺外，吹著涼風，看著峽谷間的層巒峰疊；寺外的普渡橋，正橫跨大沙溪與立霧溪匯流處，站在橋上正好可以欣賞兩溪交匯合流的壯麗。如果你想暫時逃離城市煩雜，天祥是一個很好的選擇，這裡非常幽靜，又有美麗的山水，以及自然的風土民情，能讓人彷彿置身桃花源般放空自在。

天祥為什麼叫做天祥？日治時期，臺灣總督佐久間馬太執行五年理蕃政策，一九一四年最後一次太魯閣戰役，原住民悉數潰敗，被驅逐到平地，分布在秀林鄉一帶；佐久間駐紮在關原，行經棧道時，被原住民突擊，自馬背上跌下，因而受了傷；翌年（一九一五年），佐久間逝世；有一說是佐久間在負傷後持續督軍，一直到戰役結束後，返回臺北帝國大學醫院（臺大醫院前身）治療，傷癒後回到日本，隔年逝世；至於到底何時、因何事、在何地辭世也已不可考。

日人為感念總督，於天祥建造佐久間神社；有一條林道也因其號而命為「研海林道」，另有一座山也稱為「佐久間山」，都是紀念佐久間而名之。之後經過戰爭及天災的影響，物資缺乏又年久失修，神社逐漸荒廢。一直到蔣經國時代，勘察這條理蕃道路——合歡越嶺道路後，決定開工建設東西橫貫公路（中橫），便將幾乎帶朋友一覽天祥的特別景點——水濂洞。水濂洞原本是開挖中橫時經過的路段，因挖到水脈，中橫便放棄此路。此處可見岩盤間水流形成的小平潭，及當年開發中橫公路人力一鎚一鋤開鑿或是炸藥炸過的痕跡，雖然要走一段山路才能到達，但值得造訪。

廢棄的神社拆掉，改立文天祥紀念碑，鐫刻正氣歌於上。所以天祥這個地名實際上來自文天祥，和當地沒有淵源！

天祥有個文山溫泉，是頗負盛名的野溪溫泉。文山溫泉其實是在一九一四年太魯閣戰役中，由日本軍官深水少佐發現，因而命名為深水溫泉；之後塔比多易名天祥，深水溫泉也就取文天祥之號「文山」，而更名為文山溫泉。

天祥的蓮花池，是太魯閣國家公園內最大湖泊；原也是部落所在地，蔣經國為照顧築路退伍的榮民，讓榮民於蓮花池定居生活，於此種植水果、蔬菜，再以流籠做為運輸工具；

更深山的梅園、竹村也一樣，也是小聚落，但現在都無人而漸漸荒蕪了。

附近的西寶，有個西寶森林小學，他的特殊建築和大自然環境，讓他就像一所夢幻小學；原為附近的榮民子女及原住民子女所成立的分校，後改為國內第一所森林小學，許多平地人也將小孩送到西寶國小就讀。

若要在天祥住宿，我很推薦太魯閣晶英酒店。三十幾年前，它是由中國旅行社接受政府委託所建的天祥招待所，後來改成天祥晶華酒店，二〇〇九年時改名為太魯閣晶英酒店。我住過晶英酒店好幾次，印象最深的就是和媽媽一起住在這裡。當時高齡九十歲的媽媽罹癌，我帶著她環島旅遊；到了花蓮，怕住我家太無聊，便去住晶英酒店，讓她享受一下五星級飯店的服務。晶英酒店住房分兩種，一種是一般客房，一種是行館；行館蠻貴的，因為媽媽行動不太方便，我們便使用客房服務，在陽臺可以直接看到立霧溪，晚上非常安靜，只聽到潺潺溪水聲，在房間內用餐也非常舒服。

晶英酒店的頂樓是游泳池，旁邊有SPA，設施非常好。樓下有中餐廳和西餐廳，但行館的客人用餐地點是在頂樓的交誼廳，有點像是法式餐廳，當然比不上臺北高級飯店的華麗，但環境非常清幽，和一般遊客是區隔開來的，有機會享受一次這樣的服務，才真的叫度假。

若住在晶英酒店，可以到附近的祥德寺和白楊瀑布走走。從晶英酒店前往白楊瀑布，不用走剛剛提的山路，可穿過一條隧道，走約二公里就可到達白楊瀑布，白楊瀑布是兩層的瀑布，上下層溪水交互沖積，正是兩溪交匯之處。瀑布在臺灣是比較常見的景點，從這裡再穿過一條小隧道，往裡面走就可以到水濂洞。

如果想遠離都市塵囂，建議來天祥待個兩、三天，享受平靜安祥的氛圍。若要在天祥住宿，最推薦太魯閣晶英酒店，因為在客房陽臺可以直接看到立霧溪，晚上非常幽靜，能聽到潺潺溪水聲。圖為我與太太攝於晶英酒店廣場。

水濂洞原本是開挖中橫經過的路段，挖到這裡卻挖到水脈，所以放棄這條路，從外面環山築路，由西寶出去。這附近的道路原是原住民所行的古白楊步道，是要攀爬的山路。原住民體力好，見山就爬，所以原住民的古道幾乎都不是好走的平路。

水濂洞是開路時因為岩盤間冒出水流，流成了一個小平潭，既然公路不從這裡開挖，管理處便將水流區域旁填高成步道，成為一個景點，也保留了當時開發中橫公路由人力一鎚一鋤開鑿、或是炸藥炸過的痕跡。但這個特別的景點，一般團客不會來，只有做過功課的自由行背包客才會造訪。

到天祥，不是看大山大海的壯闊景觀，而是像閱讀小品文一般，好好享受山中幽靜、沉浸在原始地貌裡。如果想遠離都市塵囂，享受平靜安祥的氛圍，來天祥待個兩、三天吧！It is one of the best！

日本北阿爾卑斯山脈

日本不像臺灣有百岳，日本百名山並不以高度取勝，以特色、壯觀、美麗、人文為選擇條件。

臺灣的山友爬高山爬慣了，相較之下，日本的第一高山富士山其實沒有難度，比玉山容易許多，老人小孩都能夠上山，所以我想先帶大家去遊覽日本北阿爾卑斯山脈。

臺灣和日本其實很像，都是島國，又都有山脈貫穿南北，區分為東西兩半部。日本阿爾卑斯山脈分為北、中、南三段，但登山者大部分會選擇北阿爾卑斯山脈。

北阿爾卑斯山脈像個Y字型，赫赫有名的就是立山黑部，是在Y的前端，右側是白馬山脈和表銀座，Y字型的中點是槍岳，立山、劍岳在左側。兩者之間也是臺灣人很熟悉的觀光點，就是黑部大壩和水庫，水庫北方就是黑部峽谷。

這個區域的名山很多，包括槍岳、劍岳、立山、白馬三山、穗高連峰等；奧穗高峰是飛驒山脈主峰，也是日本第三高峰，是一座超過三千公尺的高山。北阿爾卑

為了登槍岳，我與山友們入住上高地附近的橫尾山莊，這山莊有大浴場，設備很乾淨。

一行人努力的朝日本第六高峰北阿爾卑斯山脈中的槍岳挺進。

登槍岳山頂。

斯這個區域有將近一百家的山莊，即使在山頂上沒水沒電，他們也會想辦法集水和發電，不管是集雨水、雪水，以及水力發電或柴油發電，這些山莊都能讓登山客有得吃、有得喝、有得睡，不能洗澡也足夠刷牙洗臉；甚至在位居二千四百公尺高的雷鳥平，許多山莊還有溫泉；在白馬三山附近也有一個溫泉山屋。

換句話說，在日本爬山不是苦行僧之旅，不是為了要累積紀錄和登頂數字，而是為了度假、休閒、遠離工作壓力、享受登山而登山；日本的登山運動盛行，相對的，各種設施及制度也比臺灣來得方便、健全和安全。

首先帶大家來到北阿爾卑斯山脈中的槍岳，是日本第六高峰，海拔三一八〇公尺。若從上高地走到槍岳，一般路程，大約一天可以走到槍岳山莊，槍岳山莊離山頂大約只有一百公尺的高度、二十分鐘的路程。槍岳山莊號稱可以住五百個人，當然這是人挨著人睡的狀況；平常一人若占一個正常床位的位置，可住到二百五十人。山莊裡有餐廳、休息室、交誼室、乾燥室（可以讓山友將濕的鞋子、衣服烘乾的地方）等，應有盡有。上高地海拔一千五百公尺，槍岳山莊高三千公尺，所以一天約爬高一千五百公尺，大約要八至十小時的路程；或是輕鬆一點，第一天走一點，沿路都是山莊，第二天距離登頂就更近了。

臺灣登山客很難想像，槍岳山莊萬事俱備；一泊二食的收費是九千五百日幣，實在便宜，餐點一點都不馬虎，相當好吃；也可以訂便當帶著走，也有專賣非住客的餐食；除此之外，山莊內還有販賣機，各種飲料、啤酒一應俱全；也有賣店，賣各種槍岳的紀念品；也有賣登山鞋、賣登山用品。

登日本立山途中，太太張媚在御劍前鋒與雲海合影。

登日本北阿爾卑斯山脈的立山。

如果只是要爬槍岳，住在上高地，分兩天走是一般走法。上高地有一個有名的景點叫明神池，秋天池畔的楓紅非常美麗；沿著梓川，欣賞的又是另一種山中風情。

上高地附近有一個橫尾山莊，這個山莊雖沒有溫泉，但是有大浴場，簡直跟平地的旅館一樣，收費一樣是公定價九千五百日幣；給登山客住的山莊多半是通舖或是上下舖，但日本人的習慣非常一絲不苟，就算再小、再克難，設備都是乾乾淨淨，對環保、生態的要求很嚴格，即使是能洗澡的山莊，除了只能快速沖澡外，也規定不得使用洗髮精、沐浴用品，確保不造成任何汙染。

在日本登山真的是一種享受，不像在臺灣，除了兩個山莊（排雲、天池）比較像樣之外，其他都像逃難用的山屋。在上高地附近就至少有八個山莊，除了槍岳山莊是要登頂的登山客一定得住下的，所以一定要預訂，其他的山莊，幾乎都可以隨到即住。在日本登山健行，可以依照自己的狀況來安排行程，想走多遠就走多遠，可以很輕鬆、很休閒。

整個北阿爾卑斯山脈附近，我前後去了八次，從富山進四次，從名古屋進出四次，除了一次跟著別團、一次自己帶團搭乘了遊覽車外，我有六次自由行的經驗，都還沒有把這裡的山爬完；要爬完，大概要二十次吧！這是以每次去爬三天，前後約五至六天的行程來進行；不然，住在那裡三個月也許可以爬完。

若是在臺灣有登山習慣的健腳，可挑戰表銀座縱走，爬完槍岳，再往右走到西岳，經過大天井、燕岳、中房溫泉到大町。至於一般人最常走的是大町到立山到富山，這是立山的遊覽行程，搭乘六種交通工具到達立山車站，在四月下旬到六月中旬是雪牆開放時間，一般遊客是不住在山上的。

另外還有一種行程是到上高地，上高地本身就是一個名勝，有大正池、明神池、河童橋、梓川等。另外還有一個行程，一般遊客比較少去，卻是自由行也不難抵達的行程，到新穗高溫泉，那裡有纜車可以到穗高連峰的西穗高山麓，高約二千四百公尺左右，可以一覽群山風貌。

登日本北阿爾卑斯山脈的劍岳。

如果是登山健腳到北阿爾卑斯山脈，可以試試幾種路線；最簡單的是乘鞍高原，有車子可以到山腰，到乘鞍岳頂只要一至二小時的時間，這大部分是提供不常爬山，卻可以觀賞日出的人去的地方。夏天時早上四點多，就有很多人在等著「御來光」，難度很低。其他是登山客比較常走的路線，包括槍岳、表銀座、白馬連峰，這些都是有點難度的，當然還有難度更高的穗高連峰、劍岳。

劍岳就在立山北方，高二九九九公尺。二〇〇九年時日本有一部電影《劍岳・點之記》就是描述兩組登山人馬要搶首先攻頂劍岳，當時山路險峻；直至今日，劍岳仍是攀登難度很高的一座山。穗高連峰的難度也很高，與劍岳同為高難度的山岳。

臺灣的民眾如果有機會應該要試試看這樣的旅遊方式，跳脫旅行團走馬看花的模式，來一次不同的體驗，親近大山、融入大山。

育空河泛舟

到加拿大育空河泛舟，是我從來沒有想過的事。原本是打算到育空看極光、乘雪橇犬車、冰上摩托車，釣北極鱒魚或鮭魚。一般人可能比較常聽到阿拉斯加費爾班克斯（Fairbanks），極光之都；但在加拿大育空地區的白馬市北方六百公里的Dawson，也是一個有名的極光小鎮。

育空是加拿大的三個特區之一，面積大概是臺灣的十幾倍大，大約是四八二四四三平方公里，人口約只有不到三萬六千人，而且還有四分之三的人口，大約有二萬六千多人集中在白馬市。在還沒有去育空前，想像育空是一個滿地白雪，交通要靠雪橇犬拉的雪橇、到處都是印地安或是愛斯基摩人；結果一到那裡，離開白馬市，半個人影都沒有！這裡的熊，大概就有一萬七千多隻、馴鹿約有十八萬五千多隻、麋鹿約有五萬多隻，鹿都比人還要多！

為什麼極光之旅會變成泛舟呢？同行的好友鄭仁亮教授建議夏天去騎腳踏車和爬山吧！鄭教授提到有本書《不去會死！》，作者石田裕輔花了七年半的時間騎單車環遊世界，總共騎了九千五百公里，地球繞一周是四萬公里，石田裕輔等於是繞了二圈半的地球！石田裕輔騎到了育空，遇到泛舟教練約翰說：「都來到了獨木舟的天堂，就一定要嘗試一下這件事啊！到了育空卻不去泛舟，那等於是白來了！」於是我們開始規劃育空河泛舟之旅。

石田裕輔說：「如果等到有一天我老了，我無法甘心自己就這麼平凡的死去！」

我們都會划獨木舟、划龍舟，但從來沒想過要計畫一個得划上三百七十公里、

我與山友到加拿大的育空河泛舟，短短八天，共划了三百七十公里，雖然辛苦，卻是個難忘的體驗。

而且連划八天的行程，算一算，一天划五十公里，應該也還好，我們一群六人就這麼上路了。

育空河（Yukon River）全長三千七百公里，是北美第三長河，以當地原住民語，「Yukonah」之意為「大河」；所經過的流域大部分都在阿拉斯加，只有一千多公里在加拿大。這個區域真的是廣闊無垠，有人的小鎮也是僅僅三、五百人，而且小鎮間大多相隔幾百公里，其中的荒涼和不方便，可以想像。

當地人都會提醒我們要帶防熊噴霧器和

刀，我們帶了臺灣原住民的開山刀；有的人會帶斧頭，因為沒有帶生火用具，就砍木材燒火。因為沿路可能都是無人居住的地方，所以我們要自己帶帳篷、帶睡袋、帶食物、帶各種日用工具，我們準備了煤油爐和瓦斯爐，煮食也比較方便。

什麼人適合這項活動？如果你喜歡戶外活動，也愛爬山，能適應野外起居，能自己搭帳篷、自己煮飯的人，就可以考慮這項活動。這其實比爬山還輕鬆，爬山所有的用具都要自己背，但划船不用，是用船在載。

需不需要技術？應該說，就算不會划船，划個兩天也就知道訣竅了，經過前兩天的磨練，你會知道划船前行與水流的關係很重要，靠河岸的水流很慢又難以划動，借助河道中間的順流比較能快速前進，但也要注意避開河流邊上和會合處的漩渦，不然就白費力氣了；遇到岔流，也要提早做準備，選擇距離較近的水道，要往他的方向靠，不然一到分岔點，會來不及划到要前進的方向，就會被沖到另一條水道，那麼很可能要花更多的時間、力氣去划回航道。

我們六人都沒有這種八天要行三百七十公里的長途划舟經驗，所以我們選了一條最簡單的航程——Teslin River，避免體力負荷不了，還有經驗不足的問題。從白馬市搭兩個多小時的車到起點，最後一天抵達的終點站Carmacks，是一個有五百人的小鎮。

一行六個人分成兩艘船，三個人划一艘，有體力的坐第一個，是船的引擎；第三個是舵手，要控制方向；中間的就不用太要求技術和體力。船可以載我們所需要的各種日用品，連折疊桌椅都能載，甚至載個一箱紅酒、幾瓶香檳都沒問題，但是我們食物卻帶得不夠，因為划船會累，累了就餓。而沿路至少四天的時間裡，連一個人都沒看到，只有鳥和水鹿；所碰到的幾個人都是和我們一樣在航行的伙伴或是在做鮭魚研究的人。

這類全程必須靠自己的體力和判斷完成的挑戰，一定要會看地圖；為提供泛舟者安全的航程及指引，有製作非常詳盡的地圖，包括河道哪裡會轉彎、哪裡有岩石、哪裡有平原、哪裡有營地等；此外，一定要準備GPS，對照地圖的GPS座標才能知道自己的位置在哪裡，哪裡有營地可以過夜，哪裡可以靠岸吃中餐等。

我們很天真的以為，反正一天就划六、七個小時，早上就吃飽一點，不然從船上要靠岸、下船也很麻煩，就打算中餐不要吃，一直划到目的地，晚上再吃晚餐。但是我們完全忽略了在現實狀況中不得不上岸的理由，一個是要上廁所，一個是划了三、四個小時，真的是又餓又累，所以再怎麼能撐，中間一定得上岸。

即使上了岸，也不可能大興灶火煮食，不能浪費太多時間在生火和料理這些事情上，如果要砍柴生火，就太沒效率了；我們都用快速爐煮個熱水和簡單的方便麵充飢，有幾餐就只是煮了一鍋康寶濃湯，和一包泡麵，六個人就分著吃！至少有東

西墊墊肚子，晚上再多吃一點補回來！

我們去的時間是七、八月，鮭魚最多的時間是九月。本來想如果沒有食物，還可以釣鮭魚來吃，結果不是時候，雖然有看到一些鱒魚，但一條也沒釣上來；育空河這裡是寒帶，河水非常清澈，適合鱒魚和鮭魚生長。

每天例行的，也是最有挑戰的工作就是要找紮營的營地，有時候上了岸才發現就在下一公里的地方，有個更好的營地！或是上一個營地好像比較好，但也不可能再往回划！這種交戰每天都在發生。上了營地要搭帳篷、天篷，弄睡袋、睡墊，生營火煮食，感覺上每天好像五、六點上岸紮營，接下來是漫漫長夜，實際上，這些工作做完都已經十點以後了；而且我們是夏天去，前幾天天黑的時候大約是十點半，一直往北行，漂了三百七十公里，到最後一天天黑時都十一點半了！

儘管經歷了飢餓、疲累、下雨、不能洗澡等辛苦的考驗，但想到在沒有光害的北國天空裡，星海浩瀚，望著滿天星斗的驚嘆與感動，還是覺得非常值得，一輩子一定要去一次育空河泛舟！

實際上，我們划了七天，最後一天其實路程很短，我們又已經沒食物，就一股勁的快划，划到Carmacks就有超市可以買東西吃了。在這七天裡，有三、四天是下雨天，就遭遇了內外都是雨的窘境，因為划船很熱，全身都是汗，濕身到底。

前二天，還沒能做好萬全準備，穿得太少，還會覺得冷；第三天大家就都有準備好雨衣、排汗透氣衣來對應內外都會下雨的狀況，划船時腳不會動，所以淋濕了就會冷。有一個很好用的東西叫密實袋，密實袋是萬能的，它可以保暖，又可以裝東西；把密實袋套在腳上再穿上鞋子，就可以保暖；又可以拿來裝水、裝食物，營地也許離岸邊有一段距離，從岸邊取水時，可以把水裝在密實袋中，再用背包裝起來，一次就可以運很多水，不用一直來回奔波；食物也要用密實袋確實包裝好，再放到食物桶裡蓋好，免得熊聞到味道，晚上來偷吃。

泛舟的途中沒有蛇，但是剛開始幾天還偏南邊時，會有蚊子，所以要戴防蚊帽以防蚊子叮咬。要洗澡，就自己燒水，簡單沖洗或擦拭，若是天色未晚，趁氣溫還沒那麼低時，用河水洗也是可以，但即使有陽光照射，河水也是相當冰冷。所以燃料很重要，煮食和洗澡都需要用到，帶煤油比較省，一大桶可以用比較久，瓦斯就燒得比較快，燃料都要在當地上船前買好。

即便又餓、又累、又下雨、又不能洗澡、旅程這樣辛苦，為什麼要去？真的是「不去會死」！

如果你喜歡大自然，喜歡挑戰，真的非常好玩，是非常值得一去的地方。當逆風的時候，即使是順流，河面也會起浪，風和浪會把船擋住，船就沒辦法前進，所以只能靠著河道邊，無法靠著水流的力道，完全要靠自己用力向前划動，雖然緩慢，也會前進。如果是大晴天，就非常舒服，可以完全順著水流，不費力氣，躺在船上曬太陽都可以。

在這樣的冒險旅程裡，有順境，有逆境；碰到困難，就去克服；是順境，就讓心情完全解放，心隨意走。在北國的夜晚，天還沒黑就要入睡，清晨三、四點，天又亮了；半夜起來，一抬頭，在沒有光害的天空裡，星海浩瀚，躺在休閒椅上，望著滿天星斗，壯觀的銀河，是驚嘆，是感動，有時候都讓人忘了自己身處何處。

到了我們的終點，便看到好多人是從不同河道（Yukon）划過來的，都在這裡聚集，也有很多人還要再繼續往前划，這一划，又是八天才會到Dawson！更有許多人是已經來了第二次、第三次的，它是會讓人上癮的！

這跟爬山一樣，爬的時候覺得好累好累，一路問自己，為什麼要跑到這種地方來，但是完成後，接著問下一次什麼時候要再去爬山！

泛舟旅行是很難得的經驗，一般臺灣人很少會選擇這樣的行程。費用其實也不多，除了既定的往返機票和前往泛舟地的住宿、交通費外，其他的食物、設備除了自己能準備的，其他可以當地租用，我們三個人租一艘船約一萬臺幣一趟，相較於一般的長程旅行，是便宜的。

喜歡戶外活動的人，一輩子一定要去一趟，記住，不去會死！

伊斯坦堡四季飯店的早餐

二〇一四年，我與山友去土耳其爬最高峰——阿拉拉特山（山頂五一三七公尺），本來我是想去爬伊朗的最高峰達馬萬峰；後來想想，伊朗聽起來很恐怖，可能到處都是荷槍實彈的軍人，我們可不敢冒這個險。其實土耳其也是回教國家，只是我們想像中，好像伊朗比土耳其來得動亂，結果我們的想像都是錯的。

土耳其西部是突厥人，東部是庫德族，都是驍勇善戰的民族。庫德族有三千萬人，但他們是遊牧民族，沒有國家，族人分散在土耳其、伊朗、敘利亞和伊拉克，少數流浪到伊朗北部的亞美尼亞、喬治亞。亞美尼亞和喬治亞屬東正教地區，所以在當地庫德族就成了異教徒。庫德族不屬於土耳其突厥人、也不是波斯人、也不是阿拉伯人，是僅次於他們的第四大民族，雖同為回教徒，卻又不與任何一族交好。

土耳其並沒有認真的去對抗伊斯蘭國，一方面深怕境內庫德族壯大後成為威脅，但也怕ISIS勢力更加龐大，會與自己為敵，所以陷入一種矛盾；但難民一直湧入，他們已經收留了兩、三百萬名難民；現在若要去土耳其，尤其是土東，應該沒有人敢去了，說不定去伊朗還穩定一點。

我們可能是去爬阿拉拉特山的最後一批臺灣登山隊，登頂後回到伊斯坦堡；提到伊斯坦堡，最聞名的就是美麗的聖索菲亞大教堂，以及藍色清真寺。但是我更喜歡的是博斯普魯斯海峽，所以我就約了山友早上去伊斯坦堡的四季飯店吃早餐。

博斯普魯斯海峽將伊斯坦堡一分為二，區隔了歐、亞大陸，讓伊斯坦堡成為唯一跨越歐亞大陸的重要城市；穿梭過歐亞大陸的博斯普魯斯海峽，連接著黑海和愛琴海、地中海，四季飯店就在歐陸岸邊，特殊的地理位置更賦予了歷史的壯闊和神祕的風情。

出發前，我就有做功課，在四季飯店住一晚最低消費要四百五十歐元，住不起，吃個早餐總可以吧！我們早上八點多就去了，吃到快十一點才肯離開。雖然餐點都是一流，但對我們來說那不是重點，重要的是去享受這特別又難得的氛圍；要去吃早餐，就先穿過四季飯店的大廳，玩玩大廳的鋼琴，會經過美麗的長廊，還特別去參觀使用四季的洗手間，在飯店大門口的噴泉處照照相、過過癮，像劉姥姥在逛大觀園。

登頂土耳其最高峰阿拉拉特山後回到伊斯坦堡，為了一覽博斯普魯斯海峽的風光，我特別約了山友去伊斯坦堡的四季飯店吃早餐，好好地欣賞了無價的景觀！

在岸邊，吹著博斯普魯斯海峽的風，享受著六星級的服務，吃著美食，盡情沈浸在穿越歐亞的時空裡。其實，真要住也不是付不起，只是旅行團是不可能安排住四季飯店的。

回過頭來看看臺灣的飯店好了，像知名的涵碧樓，一個晚上也要一萬五千元起跳，但涵碧樓最值得的就是從房間陽臺可以俯瞰整個日月潭、光華島；而飯店的游泳池也是一大特點，在游泳的時候，彷彿身處湖中，在池中看不到泳池的邊緣，就像與湖水相連一般，讓人流連忘返。池畔也有小吃、飲料，頂樓更有觀景餐廳等，感覺很過癮。

但若你只是個過客，白天都在外面，只有晚上回飯店睡上一覺，當然不需要住這種飯店。要住這樣的飯店，一定要有時間在飯店裡待上一整天，欣賞飯店各個角度的美景，也要能盡情利用飯店的各種設施。

臺灣人應該也很熟悉香港的半島酒店，半島酒店的下午茶一位難求，但住房客是不用排隊的；不過，沒有人是為了吃一客下午茶而去住半島酒店的。半島酒店最低房價要四千港幣，如果住在這樣的酒店，就要去享受飯店裡的一切，包括餐廳、設施。我有一次帶太太去香港住半島酒店時，白天跑出去爬山，大家都覺得我頭殼壞了，去香港爬山？

半島酒店最美的view當然不外乎可以鳥瞰維多利亞港以及香港夜景，那麼酒店的服務好在哪裡？我舉個例，我早上去游泳，游泳池在前棟的八樓頂，邊游泳就可以看到維多利亞港，佐著這等美景，游著游著便不想起來了，但是還沒吃早餐，於是我問服務人員能不能在游泳池這裡吃早餐，服務人員立刻問我想點什麼，就幫我準備早餐送過來；這就是貼心又客製化的服務啊！

話說回來，伊斯坦堡四季飯店的早餐到底花了多少錢？大概是每人一千五百元臺幣，相較於這個等級飯店的早餐來說，不算貴，也不是我吃過最貴的早餐；我吃過最貴的早餐是瑞士日內瓦湖畔的Kempensky飯店，每人要花五十瑞士法郎，當時合約臺幣二千五百元；早餐位於飯店三樓的餐廳，正對著日內瓦湖和花鐘公園，它賣的應該也是千金難求的風景啊！

我在其他的地方也住過四季飯店，頂級的飯店賣的就是設施、服務和無價的風景；如果只是一個traveler或不需要這些服務，那就千萬不要花這個錢去住這麼好的飯店；要去住這樣六星甚至七星的飯店，就要有目的的去善用飯店提供的一切。

伊斯坦堡的四季酒店，賣的就是博斯普魯斯海峽的風，這是無價的！如果你問我，花錢去這樣的飯店吃一頓早餐值不值得呢？當然值得啊！沒錢也要去，你才會知道什麼叫做服務，也才能知道為什麼它值這樣的費用。有時候，該花的錢就要花，買經驗也是值得，也許一輩子就一次，好好享受那無價的景觀和頂級的服務吧！

輯四

退休生活怎麼過？

退休，更要築夢

我是臺大醫學系第二屆，一九七五年畢業，我們在二〇一五年舉辦四十周年的同學會。在這同時，有幾次同學兒女的婚宴，在婚宴上當然會與同學相聚，如果每次同學會都是與婚宴一樣的餐會，未免太了無新意。還好，四十年同學會的主辦人是仁愛醫院院長劉秀雯，他特別安排幾個同學演講。包括王溢嘉的作家傳奇生涯、賴美淑的賞鳥奇遇，楊光榮的音樂創作人生，並安排彭玉章醫師演講「不動，比三高危險」，我則報告「退休，就該做幾件瘋狂的事」。

請注意，醫學生涯上的豐功偉業，不會是我們同學會上被關心的議題，嗜好、生活、健康、退休安排，才是王道。

Lifetime Events

我們把同學會作為Lifetime Events，所謂「Lifetime Events」就是一輩子只有一次，是絕對不能錯過的盛事！譬如畢業、結婚、同學會周年等一生就只有一次的事件，在這些時間點，如果稀鬆平常讓它過去實在很可惜，應該把自己當成編劇、導演、演員，精心去設計、安排與演出。

回顧二〇〇五年，我們就曾經把三十週年同學會作為Lifetime Events。當時是出了一本書，書名為《陽光，在這一班》，雖然主題名為「人生的下半場」，其實是同學們生動的描述生活與事業，說明自己以前

退休，就是要做一些瘋狂的事，退休後我也利用時間，去花蓮溯溪，完成了小小的心願。

如何打拚，現在成就了什麼？以後要做什麼？

人生三階段

我曾在書中寫到：「年經時要有活力、創意，如旭日東昇；中年時以事業為主、以健康為本，如日正當中；老年時，一般人認為是夕陽無限好，只是近黃昏，但我認為退休後活力、創意、健康依舊重要，更要繼續保有工作，這時候的工作重點在於利用本身的歷練、智慧與財力，與年輕時工作的性質截然不同。」打個比方，就如同棒球比賽，先發投手就像年輕時，年輕力壯可以撐很久，中繼投手像中年人，將戰局拉到巔峰，布局者（set up man）與終結者（closer）就像中老年，利用經驗與智慧解決打者。

奧運金牌選手固然厲害，但永不放棄的拚鬥精神更值得鼓勵，就算別人不給你掌聲，自己也可以給自己加油打氣；何況人生並不是比賽，每個人只要秉持自己的信念，永遠可以逆轉勝，我相信命運並不是必然，而是機運與努力經營的結果。

轉「職業」為「志業」

我在二〇〇一年五十一歲就辦退休，但我後續還是有出任幾個重要的工作：二〇〇五年當臺北市副市長，二〇〇八年到總統府當副祕書長，二〇〇九年當衛生署長。政務官來來去去，以政策為目標、為政策推動與執行負責。這些工作與我年輕時在衛生署追求total victory那種戰鬥的心態不同。政務官盡己所能去達成政策目標，無力推動或無法實現就該拍拍屁股走人，無所留戀。

六十歲以後的我，我目前選擇的工作，依時間分配依序為寫書、志工、上課、廣播、演講、參與研討會或論壇，這些工作都是我自己可以選擇的，時間可以自己安排的。我工作可以不支酬勞，但原則是我不想時間被綁住，也不想開會或處理行政事務，換句話說，我希望把我的「職業」轉變成「志業」。

與以前在健保局一天工作十六個鐘頭、不見天日的情形相比，現在的工作當然輕鬆多了！有趣的是，以前的工作與現在的工作貢獻雖有不同，但在我心中所創造的價值是一樣的重要，就好比籃球比賽中鋒與得分後衛兩者同樣重要的道理。我希望，退休後可以多做一些可以感動自己、感動別人的事。

退休更要築夢

退休後，我與昔日戰友（左起）第二任中央健保局總經理賴美淑、前衛生署長楊志良、前中央健保局局長戴桂英、第三任中央健保局總經理張鴻仁，一起完成了攀登雪山主峰的夢想。

我演講的題目是「退休、就是要做一些瘋狂的事」，九把刀說：「講出來會被人笑的夢，才有實踐的價值，即使失敗，姿勢也會很漂亮。」，這句話即便是退休的老年人也應該一樣適用。我們舉辦四十週年同學會時，所有同學都已經超過六十五歲了，都已經退休或是退而不休，所以我們把同學會辦得像一輩子的盛會，是絕對不能錯過的心靈饗宴。除了同學間彼此分享退休生活的安排與心得外，我們也邀請同學效法「不老騎士」的精神，安排攀登玉山的活動。

臺灣目前和未來，像我一樣的退休人口會越來越多，退休族的生產力和消費力是不容忽視的一股力量，讓退休族繼續發揮自我的價值，這種價值並不一定是實質的GDP，但絕對是可以影響社會的正面力量，退休族不能、也不該成為國家、社會及年輕人的負擔。

「退休，更要築夢！」退休不是從一變成零的轉換，而是一個新階段的開始。

人生沒有缺憾

過了六十五歲，大部分人都在原有的職場退休了；六十五歲以後的退休生活要怎麼過，人生才會沒有缺憾呢？我說說一些自己的看法。

一、不要在意別人無聊的眼光

愛吃就吃、愛睡就睡；別人的眼光、別人的看法是不需要去在乎的。你愛怎麼做，就這麼做！想白天睡覺，晚上活動，也沒什麼不可以！想到處走走，就去走走，想參加社團，就去參加。想打麻將，打！想吃東坡肉，吃！想喝點小酒，喝！節制一些，適可而止就是。

二、把每天當成生命的最後一天

每天都可能是生命的最後一天，要積極的去過好每一天。不要總是盼望明天、等待明天才想動手，就把今天蹉跎了，或總是把未完成的事情，習慣性的拖延到明天；把握每一個當下，把生命中的每一天過得精采。

三、享受工作

到了這個階段，能夠工作就繼續工作，但是不要只是為了錢而工作，不是為了工作而工作，而是要能夠樂在其中，能夠讓自己得到滿足、得到成就感而工作，是因為自己想要完成某些事而工作。

四、學習新事物

人老了，還是有許多新的事物可以學習，有戶外的，也有心靈的。戶外的活動很多，爬山啦、運動啦、跑步啦，但重要的是去學習一些沒學過的活動，像是太極拳、圓極舞等等，總之就是沒有接觸過，也想試試看的活動，不用考慮太多，就去學吧！心靈的活動，琴棋書畫當然都是，包括各種樂器，薩克斯風也好，鋼琴也好，想學就去學，嘗試一些以前沒有機會碰過的樂器也很不錯。

還有一些生活上的新工具、新科技，也不要去排斥；例如智慧型手機、社群軟體、電腦軟體、各種APP、GPS、網購等等，現在生活都少不了他們，但卻有很多老年人都不想去學，覺得學習這些科技的東西很麻煩，但這些工具能帶給生活便利，也許還能增加不同的樂趣，這些都已經是現代生活中的一部分，是一定要學習的。

五、挑戰自我

以前認為做不到的、不可能做到的，其實有些都是可以做到的；只是過去有很多的藉口和理由：沒有時間、沒有機會、沒有耐心等等，現在只要願意去克服，還是能完成某些「不可能的任務」；例如高空跳傘、划獨木舟、操控空中攝影機、玩風帆船、跑慢跑、完成一次半馬、甚至全馬、登玉山……，這些都是可能的，只要

退休後能更彈性的運用時間，只要願意克服，還是能完成某些「不可能的任務」。圖為二〇一四年，當時六十四歲的我帶著太太再度前往喜馬拉雅山脈的安納普納基地營（Annarpurna Base Camp），挑戰海拔四千公尺的健行線路。下圖我身後覆蓋著靄靄白雪的山，就是海拔六九九三公尺的尼泊爾聖山魚尾峰。

你有恆心、有毅力想去完成，應該還是可以達到目標的，也能給自己帶來成就感。就勇敢去挑戰自我，超越過去的不可能吧！

六、給需要的人援手

金錢，必須讓最需要它的人去用，才能發揮最大效能。事實上，不只是錢，任何形式的幫助，提供給最需要的人，就能發揮最大的價值；如果你行有餘力，將金錢或其他實質上能幫助到人的東西提供出去，你自己的生活並不會受到影響，卻能夠從中得到幫助他人的快樂，這樣的快樂才是人生最大的快樂。

二〇一六年八月，陪同剛卸任的前總統馬英九，一起登玉山。馬前總統高興地分享，過去十多年來一直湊不出時間登玉山，能完成心願很高興。

七、多花一點時間陪家人

你退休以前的人生，也許都奉獻在工作上了；到了這個時候，就應該把時間拿來陪伴家人、兒女，甚至孫兒女；親情，是永恆不變的。

八、辦一場驚奇的派對

人生有些是一生只有一次的事件（Lifetime Events），像是結婚幾十周年、七十歲的生日、四十年的同學會等等，花點時間去辦一場驚奇的派對，熱熱鬧鬧的邀請親朋好友一起參與這些值得紀念的日子，留下你一生最珍貴的回憶。

九、整理自己的一生

把自己的照片、故事、文字等等，做一個有系統的整理，但是同時開始一段重新出發的新生活，設定一些有別於過去的目標；把過去做一個回顧，捨離那些堆積許久的累贅，重新出發。Never be contented with yesterday's glory！忘掉過去的豐功偉業，開始另一個不同於過去的生活。

十、準備好後事

人總是不願面對現實，或是以為自己與眾不同，會長生不老。算了吧！別傻了！死亡是生命必要的一部分，不死難道要成仙或是當妖精。及早準備，把自己的後事安排好，把想說的話寫好，把想做的事交待好，不要讓兒女們措手不及，留下一堆無從打理的身後事。至少，交代好你自己理想中的人生謝幕式，從容而瀟灑的告別，人生才能圓滿，至少生命不留遺憾。

二〇二五，我還有夢

我現在六十七歲，以男性的平均餘命來看，我可以再活約二十年；也就是說，我還有很長的時間可以去做想做的事，完成未完成的夢。

但是，世事難料，誰也無法預料明天會發生什麼事；尤其我還得過淋巴癌，雖然現在是治療好了，但也許哪一天又復發也說不定，所以我沒有盤算很長的計畫，我不要想得太多、太遠；而是好好的過好每一天、每一月、每一年。

如果沒有意外，二〇二五年時我還是一個年輕的老人，七十五歲的我當然還有夢！如果連夢想都沒有，活著，就只是具活屍體，一直等到被埋葬，然後生命正式告終。人不管年齡，一定要有夢想的，只是夢想有大有小，而且夢想也不會數十年如一日的固定不變，一定會隨著人的環境，包括家庭、親友、體力、生病等因素，以及所經歷的事情而改變。

所以，我的習慣是，想到什麼就寫下來，想久了就會去做，做了就可能成真。

最近看了部電影《高年級實習生》，老年人有老年人的價值，經驗和歷練都是寶貴的資產。許多人老想著退休了，就應該去環遊世界、含飴弄孫、安養天年；但我的想法不是這樣，我想把現在負責的事業《血液基金會》推向另一個高峰，在我離職之時，它就算不能是世界第一，也要是亞洲第一，不能亞洲第一，也要與日本並駕齊驅！如果連這樣的鬥志都沒有，表示這個事業已經不需要我了。

做得到嗎？當然做得到！要做到，要所有同仁都有一樣的鬥志，天下只有不會打仗的將軍，沒有不會打仗的兵！要帶著大家找到工作上的價值、成就感，最重要的要導引到一個對的方向，只要方向對了，用跑的能到，用走的也會到，但是方向錯了，只會離目標越來越遠。

找到價值、找到方向，將自己的能力貢獻出來，便能做出改變。

有錢的人或許可以成立一個小基金會，去幫助一些需要幫助的人，或是去推動一些有意義的事；沒錢，做一個志工也很棒，在有限的資源裡，用智慧與能力去組織、集合眾人之力，志工團體也好，社區團體也好，一起來完成一些事，這些事都能改變你我、改變世界的。賈伯斯改變了世界，陳樹菊也可以改變世界，每個人都擁有可以改變世界的能力。

人生第一個階段都是在學習，第二個階段投入社會開始工作，假設是二十五歲開始衝刺，這個階段正是腦力、體力、活力都達到最佳狀態的時期，到了五十歲，事業也應該要進入巔峰了，如果到這個時候還沒有成就什麼，大概就只能維持在這個局面了。接下來的五十到七十五歲這個階段，腦力、體力和活力都在走下坡，但並不表示人生在走下坡，人生的頂峰應該可以在七十五歲。

人的一生不只是事業而已，還包括了生活、家庭等等許許多多；到了七十五歲，走到了人生的第九局，是勝，是敗？也差不多可以做個總結了。如果你一直是個常勝軍，那麼就盡力保持到最後，讓生命畫下完美的句點；雖然人的一生幾乎不可能沒有挫敗、沒有失誤、沒有犯錯，但你必須要把這些事情縮小，讓光明、正面的那部分更發光發熱，放大你的正面能量。在生命的最後一個樂章，你想如何呈現？如何逆轉勝或是維持戰果。要相信，到生命的最後一刻，你都還有能力去改變大大小小的世界。

講了半天，二〇二五年，我的夢到底是什麼？事實上，我的夢很多，想到就做，說不完，也永遠做不完。在我的生活習慣裡，會隨身帶著一本筆記本，想到什麼、看到什麼，我就會隨手寫下來；翻開筆記本，最近寫下的內容，是「信任、信用」，是看到「郭美美案的中南海絞殺」一書的感想；就是提醒自己，有信，才能為人所用，受到世人信賴；一個人、一個機構，要讓社會能信任和肯定，才能穩定發展、受到支持。

我有九十九個夢，不一定每一件事都能完成，但只要能完成其中一件，就有它的價值，就能改變我周遭大大小小的世界！

輯五

銀髮海嘯，準備好了嗎？

下流老人

二〇一五年六月，在日本，藤田孝典的《下流老人：一億総老後崩壊の衝撃》一書引起社會各階層的思想衝擊，進而關注人口老年化即將帶來的影響。作者所謂的「下流老人」並非指人格下流，而是指一群靠著國民年金勉強度日、沒有儲蓄、沒有依靠的在社會底層、邊緣的老年人；而這群老人竟占了老年人口數的百分之二十。

這本書主要是描述日本邁入老人國所面臨的窘境；日本首相安倍晉三所提出的經濟新三箭政策，包括強化經濟、提高生育率、強化社會安全，將二〇一三年的每一婦女一・四胎增至一・八胎，並維持國內有一億人口，包括協助兼顧工作、育兒和照顧家中老人的族群，以及社會福址。

日本目前人口是一・二七億，但在人口老化及少子化的趨勢下，安倍希望在未來五十年可以保住一億人口。日本內閣府發表的統計指出，在二〇一四年十月時，六十五歲以上的高齡者人口為史上最高三千三百萬人，占總人口一億二千七百零八萬人的百分之二十六。也就是說，每四人中，有一人以上是六十五歲以上的高齡者；因而國家的社會福利系統，以及就業情形、經濟發展都受到嚴重的影響，而且這樣的影響還會再繼續惡化，最壞的狀況可能會達到有百分之四十的老年人口。

乍看之下，有四分之一的老人好像也沒什麼可怕，但請仔細想想，這三千三百萬老年人口，其中有一千萬人逾八十歲；六十五歲到七十九歲的老人比較起來似乎還好，八十歲以上陸續開始發生各種失智、失能的現象，更遑論其他老化的各種疾病；一千萬老年人口中大概有四百萬人有失智現象。

孤獨死，也是一種社會現象，多半都是老人，在獨居的狀況下，因為無人照料而孤獨死去。在日本，每年約有四萬名老人孤獨死，而這裡的孤獨死，指的是死亡四天以上才被發現，少於四天被發現的獨居者死亡的就更多了。

日本約有六萬名百歲人瑞，我們常祝人「甲霸立」，現在知道，這不是一種祝福，根本是一種詛咒，活到一百二十歲應該是很苦命的；生活品質下降，漸漸失能，人生不是彩色的。話說回來，日本在二十年前，百歲人瑞只有幾千人，因為醫療科技進步，人也逐漸長壽，在二〇一五年結束前，即將有另外三萬名九十九歲的老人會步入人瑞的行列。

日本人口老化突顯幾個現象：老人是不敢花錢的一個族群，如果能讓老人經濟活絡起來，老人本身就是一個產業。而退休的老人也不敢完全退休，往往會尋求再就業，再就業的老年人口比例，男性是百分之四十，女性是百分之二十；特別是六十五歲至六十九歲的男性再就業比例有百分之五十，他們不敢放心退休不工作，也許這群人不能不工作，因為需要收入；或者需要有事情打發時間、用比較輕鬆的工作當做休閒；也許因為年金不夠使用，也許擔心真的失能時，年金及儲蓄都不敷使用，所以繼續工作、累積收入。

日本有很完善的年金制度，都還會有「下流老人」的出現，到底日本的年金有多少呢？日本老人年金一個月是十二萬日圓，約三萬多元臺幣，日本物價約是臺灣的三倍，而「下流老人」就占了老年人口的五分之一，顯然對於沒有收入、沒有儲蓄、沒有依靠的老人們是不夠的，除了溫飽外，可能還要就醫等等。健保很完善的日本仍走到這種困境，值得同樣面臨高齡化浪潮的我們深思。

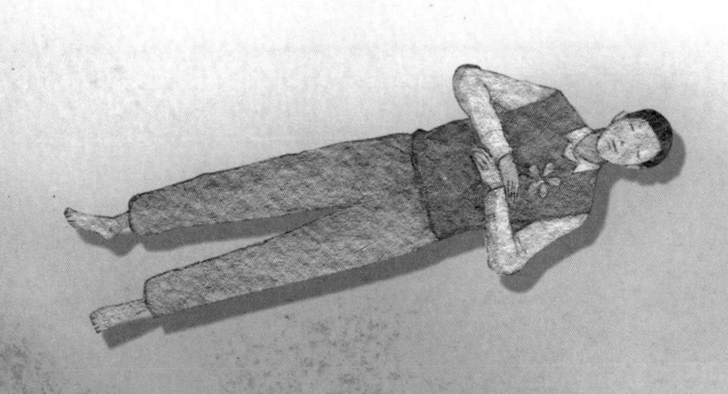

臺灣的寫照

日本人口老化的現況，是臺灣接下來的寫照；今天的日本，就是二〇三〇年的臺灣。臺灣到那時再來射強化經濟、提高生育率、強化社會安全這三支箭，為時已晚。日本三十年來不景氣，原因很複雜，包括經濟政策的問題、日圓匯率的問題、年輕人不夠的問題等，都直接造成三十年來國力逐漸減弱無法恢復的難題。

臺灣要射新三箭就要現在射！例如人口政策，現在不引進移民，還要等什麼時候呢？臺灣現在每年約有十六萬名老人死亡，出生人口平均二十萬左右；要提高出生率是首要工作，否則大概到了二〇二一年，死亡人口就會超過出生人口，人口就會開始減少；所以應該引進新移民，引進年輕人口，這比鼓勵生育來得快速且實際。

趁現在臺灣還有一點點條件可以引進年輕的技術移民，年輕人適應及學習能力夠好，也願意吃苦，即使宗教、國情不同，應該也會有意願；東南亞的國家應該優先考慮，馬來西亞、印尼、越南等有不少華裔，生活習慣可能也比較接近，未來可以當經濟南進政策的先鋒！

再如年金政策，應該馬上把各類年金的差距拉近；老人年金三千五百元、老農津貼七千元、榮民津貼萬多元、到勞保年

金幾萬，最高軍公教退休年金平均約有五萬五千元，更高的也還有，其間大概可以差到二十倍，這個不合理的現象，要選總統的人總要說說如何解決？

如何運用老人的勞動力和經濟實力，也是另一個努力的方向。現在的年輕人沒有經濟實力，有經濟實力的集中在戰後受過教育又有機會翻身的人身上。四十五歲以下的大概就屬於倒霉的年輕世代了。臺灣的生育率不到一・一，日本的生育率一・四都已經如此窘困，臺灣還更低。要解決臺灣老年化及少子化的問題，箭快點射吧！不然臺灣的年輕人怎麼生存下去？未來又會承受多大的負擔？

孤獨死與在宅老化

二〇一二年四月底日本六十五歲以上的老人已經達到百分之二十三・三，將近三千萬人，而「孤獨死」的現象屢見不鮮，這是日本發明的新名詞，定義是：「單獨居住的老人，在死亡四天後才被人發現的個案。」在二〇一一年全日本就有一萬六千零三名孤獨死老人，四天以內死亡被發現都不算在內，可見這只是冰山一角而已。

另外在日本，僅由老人和超高齡老人組成的家庭十分常見，這種現象稱為「老老看護」，在老老看護之下所引發的孤獨死案例也不在少數，換句話說，就是兩位老人死在一起的情況；譬如說，兩位老夫妻同住，由身體較好的照顧身體欠佳的，

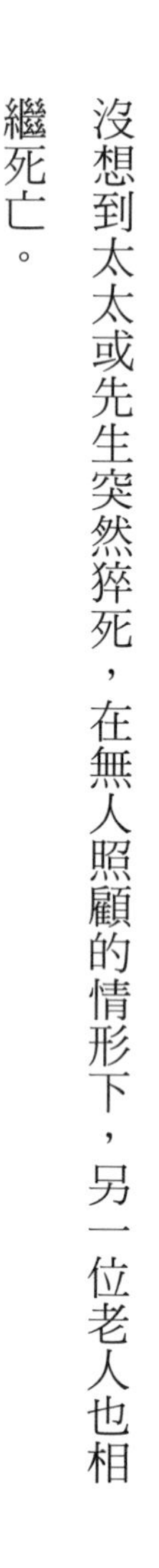

沒想到太太或先生突然猝死，在無人照顧的情形下，另一位老人也相繼死亡。

「絆」與長屋

總之，照顧老人在日本是嚴峻的課題，日本政府也改變政策，希望老人們可以走出家門，主動增加跟周遭人們（並非親人）互動的機會，尤其在三一一大地震的災難之後，人們重新審視自己與家人、與身邊人的連結，在日語裡，寓意人與人之間情感地帶的漢字——「絆」也因此得到重視，並成為日本二〇一二年的關鍵字。

對於三一一海嘯的受災戶，政府決定以興建「長屋」的形式來安置，它是一座配有公共食堂、洗衣房和集會場所的老式民居，與過去以個人空間為主的設計大不相同，就是希望藉由共同生活來增進人與人之間的互動。

日本老人照顧觀念的第一個改變是「共同生活」的住宅安排，「雅房」勝過「套房」；第二個改變則是「走出家門」，增加與周遭人們互動的機會。這也證明了老人照護並沒有標準答案，應該要依照每個國家的國情與特性來因應與改變，也就是要更多元化的思考。

刻板印象

我國的老人照顧政策，都是依照社會學者提出「Aging in place」的想法，我們翻譯成「在宅老化」，但英文的字面上並沒有「在宅」的意思，place並不一定是home，不一定是自宅，應該是「適合場所」的意思！所以意思應該是「找尋一個適所安養的地方」，我們卻把它直接變成在宅老化，雖然這樣與我們傳統上「老人就是要在家頤養天年」的觀念不謀而合，卻會造成一些困擾。

我們學校某教授的媽媽，原本與教授住在一起，但最近媽媽因為在家太無聊，自行搬到安養院去住。在臺灣，一般都不會接受這樣的安排，一般人的刻板印象是認為有自己的家，就應該住在家裡，由兒女負責照顧，不然兒女會被冠上「不負責任、不孝」的罪名，這是社會觀感所造成的刻板印象。

現在臺灣老年人大多住在家中，但與子女一起住的情況越來越少，獨居老人和老老看護的情形越來越多；不管是與兒女同住或是單獨居住，有生活照顧問題大都是請外勞，資格不符請不到外勞，就想盡辦法作假，巴氏量表和鑑定醫師成為箭靶，其實他們只是制度的代罪羔羊。

換句話說，臺灣社會蠻歧視「專門照護老人的機構」，檯面上的政策當然看不出來，但實際上多少有刻板印象，有家有眷的老人不應該到安養機構，實在萬不得已才會去，但老化社會到來了，一定會碰到挑戰！

多元彈性的安老政策

我一直反對「在宅老化」這名詞，第一是因為「宅」不應該只是自己現有的住家或房子；第二則是「老化」並不好聽，講難聽一點像是「老死在家、在家等死」的意思，我認為古人說的「老有所養」或「安養天年」，意境就高明多了。

日本現在碰到的困境，臺灣在二〇二五年同樣會碰到，那時臺灣老年人口來到百分之二十，現在臺灣還未把老人安養制度與長期照護制度搞定，還在初步的研究規劃（長照保險法）與立法（長照法）階段。其實一下子就到了二〇二五年，現在臺灣有二百五十萬名六十五歲以上的老人，二〇二五年就倍增到五百萬人，等於每年大約增加近二十萬名老年人口，不過六十五歲的老人還沒什麼大問題，至少還算健康，但七十五歲、八十歲以上老人就頭痛了！

多元化思考

現在就應該盡快確定我們國家的老人照護政策，多元化的照護方案是必然的趨勢，臺灣地狹人稠，寸土寸金，大動土木興建社區設施，要花費很大的成本，而且有許多舊公寓是沒有電梯的，老人家根本爬不上去，所以臺灣要完全靠自宅安養有一定的困難。

日本往「老人集合住宅」的方向走，藉由成立互助的社區組織讓老人們可以在自己熟悉的地方安養天年，除了「共同生活」以外，還鼓勵老人「走出家門」，去與周遭的人認識、互動，當然這需要妥善的設計與安排。

再來，安養院也有其必要性，因為它能專業處理不良於行或是病症嚴重的老人，而且在院內的照護方式是分享的，並不是像個人看護（外勞）那樣一對一，所以成本比較低，素質也比較高，而且可以安排社團及各項活動，讓老人們有休閒及交流的時間，所以在生活品質上來看，專業老人安養機構並不會比自宅安養差。

某教授的媽媽，是自願去安養機構，並不是兒女強迫的，我們應該慢慢拋開傳統不孝的刻板印象，仔細思考怎樣的生活方式對老人們才是最好的。甚至在美、歐等國，早就有「反向貸款」互蒙其利方式，老人把自己擁有的房子交給銀行或機構來經營、管理，而銀行或機構負責老人的安養生活，安排老人在他最希望、最適合他生活的機構或社區環境安養天年。

老人經濟生活問題

最後，談到老人經濟生活的問題，有一部分的老人，不管是住家裡或住在機構，都沒有足夠的金錢支付自己的生活開銷，現階段政府是採取社會救濟、老農津貼、國民年金保險等方式因應，但在老年人口大量增加的情況下，幾年後絕對會無法負荷，勞保年金及軍公教退休年金也會出問題，這問題茲事體大，將另文討論。

總之，老人問題與少子化問題一樣頭痛，少子化是國安問題，老人問題何嘗不是，政府要及早做準備，並有彈性、多元化的思考，才能迎接現在已經來到的嚴苛挑戰。

打破健康神話

人終究會有終點，預防保健有其極限，長壽是人們追求的目標，但是追求永生不老，醫藥萬能的健康神話是不切實際的。

李光耀在他的新書《One Man's View of the World》中寫道：「儘管我每天運動並遵守生活紀律，但隨著日子一天天過去，我的體能和活動力也逐漸下滑……」、「每件事情都有終點，而我希望我的終點盡可能快速且無痛苦地到來。」

身體老化是自然的，八十歲的老人在各方面的功能，都退化到只剩下年輕時的百分之二十至五十，但人有個別差異，每項功能的退化也不是平均的。

快樂面對老化

快樂面對老化、積極過日子，是唯一解決問題的方式。不是不服老，而是在能力範圍內盡量去發揮，自然就不會老，就會忘了老。訂下目標、努力去完成，是不老最好的動力。

每個人都該在能力範圍內，做各種自己喜歡的活動，快走、登山、游泳、園藝、琴棋書畫都好；就是不要坐著、躺著不動。吃補品、吃藥，不對；均衡的吃、適量的吃才是最好的補品，運動就是最好的良藥。

多休養？特別是生病後，我們都怕這、怕那，強迫老人多休養，這是不對的；要多活動，身體不動、腦子也不動，更容易出問題。很多病人就是病後不動，其他問題都一起出現，造成無法挽救的遺憾。

關心老人健康

老人牙齒咀嚼、味覺、活動力、新陳代謝能力都會慢慢退化，因此，吃得下就是健康，有時心理因素也會影響食慾，更嚴重如憂鬱症、厭食症造成體重不足，食慾就是觀察老人健康最好的指標。

老人需要陪伴，需要聆聽，從自己的出發點提供的關心，對老人只會造成困擾及心理壓力。許多子女沒有時間陪伴父母，缺乏溝通和了解，會用老人不想要的方式表達關心，反而幫不上忙。

去了解老人家要些什麼，擔心害怕什麼，並給予支持。對老人家來說，最需要的是晚輩的尊重。老人的表達，不一定就是口語上的意思，有時是面子，有時是不想造成他人負擔，必須多了解。老人家對孤寂特別敏感，子女雖然工作忙碌，也一定要讓父母知道，當他們需要時，子女一定會陪伴在身邊，安全感是抽象的，但也是實際的。

老人想法不易改變，不要一直嘗試去改變老人家的思想、觀念，對老人家施以壓力，其實是另一種形式的家庭暴力，老人憂鬱症有許多是家人的因素造成。

享受美好人生

媒體每日渲染，害得老人家不知道要吃什麼？食品安全對小孩、成人可能很重要，對老人來說相對是支微末節，色素、添加物、防腐劑、抗生素等是長期慢性的問題，絕對比不上老人營養的問題。因此，愛吃就吃，除非老人家真想活到一百二十歲！

當然，享受美好人生不是大魚大肉、花天酒地、鶯鶯燕燕，而是在體驗世界的無限美好，而老人比每一個人都更有資格去做他心裡最想達成的夢。

人要活得精彩，不是要帶著憂鬱離開，也不是要死後隆重。每個老人都可以有權利享受自己美好的一段人生，不必留下任何遺憾。

輯六

預約生命的終點

勉強救治末期病人，就是凌遲

《安寧緩和醫療條例》部分條文修正案，在二〇一三年一月九日公布實施。根據新修正條文，末期病人可選擇安寧緩和醫療或作維生醫療抉擇，但這新制至今已實施一段時間，社會大眾對新法所知有限，在健保IC卡上加註放棄急救的人數，占全人口的比率，更是低得離譜。

當然任何一項社會教育要成功，本來就很慢，就像器官捐贈一樣，涉及生死的議題本來就很難推廣，要成為社會主流價值觀，更需要長期的努力。

立法放寬門檻

這次修正案條文，主要是要放寬撤除心肺復甦術和維生醫療門檻。只要病人本人同意或是無病人意願書，只須經兩名專科醫師認定，加上一名病人家屬，如配偶、成年子女、孫子女、父母同意，不需再經醫院醫學倫理委員會審議，就可撤除維生醫療，已經比修正前的可行性高出許多。

此次修法，應是符合醫療倫理及醫療常規的醫療行為，是一項先進的立法。事實上，心肺復甦術是為了搶救急性心肺停止的病人，如溺水、電擊、車禍或急性心臟病發作的病人，是必要且有效的手段。但是，慢性「末期病人」，如癌症末期、心、肺、肝、腎或腦功能嚴重衰竭的病人，並不能夠用心肺復甦術救回，只能在受盡先進醫療科技折磨、摧殘之後死亡。

事實上，健保每年用在臨終病人的醫藥費超過四百億臺幣，占健保保費十分之一以上；其中，大部分是在救治現在醫療科技也無法挽回生命的慢性末期病人。

分辨急性心肺停止和慢性末期病人，應該沒有多大困難。如果有，醫界就應訂定明確指引，針對條例中所指的末期病人的定義，有操作型規範才是。

放棄個人急救

在我部落格的一篇文章「如果我無法醒來，不要串通醫師凌遲我」，文中提到我對放棄急救的看法，文章發表後隨即在網路上廣為流傳。所有的回應，幾乎都是認同或支持放棄急救的；只有一些回應，是針對用字的精準，而有所質疑指教。

《安寧緩和醫療條例》當然是針對慢性末期病人，醫師如果明知心肺復甦術，包括插管急救，並不能挽回病人生命，只是在拖延病人的死亡時程，就該考慮不插管。

去除死亡恐懼

如果已經對末期病人插管急救無效，就應該有拔管協助病人安詳往生的義務。不插管及適時拔管，當然並非等於安寧緩和醫療，卻是安寧緩和醫療最後、也是最重要的一部分。

事實上，現行條文規定，醫師應將病情、安寧緩和醫療的治療方式，及維生醫療抉擇，告知末期病人或家屬。但病人若有明確意願表示，想知道病情及各種醫療選項時，醫師有詳盡告知病人本人的義務。

我認為要落實安寧緩和醫療，社會教育固然重要，但重點是去除一般民眾對死亡的恐懼，和對醫療過度的期盼。

死亡是生命的自然過程，也是生命的一部分，這是生命教育或生死學的基本。而醫療萬能的神話也須去除，醫護人員需有勇氣與義務去告知病人和家屬有關病情的事實真相，以及醫療人員和醫療科技的極限。

維持生命尊嚴

更重要的是，醫護人員的教育——醫護人員能主動適時傳達不要急救的善意。醫療的目標，是要重視病人生活品質的改善，同時維持病人生命尊嚴，這才是真正關心病人。

醫護人員不了解安寧緩和醫療真諦，也放棄醫護人員依法告知義務，逃避面對事實，勉強救治無法救治的慢性末期病人，在我看來，就是在凌遲病人。

心靈自由是一生追求的事

卡特和愛德華兩人在癌症末期時住同一病房而相識。有一天，卡特想起大一時哲學教授指派的作業：「The Bucket List」，就是寫下當下想完成的事，也就是心願清單，於是病榻上的卡特開始動筆，愛德華知道後，決定邀他一塊完成，結果兩人在長城上騎摩托車、攀登金字塔、高空跳傘，最後，愛德華也和女兒和解，真正找到生命中的喜悅。

這是電影《The Bucket List》（一路玩到掛）的情節，然而，在真實世界裡，你也可以認真面對自己，不斷寫下當下你想完成的願望，並且努力實踐它。

夢想，只要想久了，堅持去做就會成功。我把各種想像得到的夢想寫下來，長久下來完成了許多。圖為我完成從七星潭往北划過清水斷崖到花蓮和平的夢想。

出自內心永恆的感動

爬鯉魚山、在鯉魚潭划獨木舟是我在花蓮生活時的運動休閒，而我的夢想是從七星潭往北划過清水斷崖到花蓮的和平，總長約四十公里，大概要花上一整天的時間。從太平洋上看清水大山，以及背後更雄偉的南湖大山山脈，是我的夢想，就想一如十六世紀葡萄牙人經過清水斷崖時，驚呼「Ilha Formosa（美麗之島）」一般。

我以前的興趣是爬百岳，涉略的運動

沒有現在這麼多。一九九八年二月我離開健保局，當時碰上中年轉業危機，我想，也許這輩子再也沒有能力完成百岳了，當時我總共爬完七十三座百岳。

在慈濟任職期間，曾借調臺北市衛生局長及副市長，直到二〇〇七年離開臺北市副市長一職，我完成了一次永生難忘的高山旅程。我走完能高安東軍縱走，並且

二〇〇七年，我完成了一次永生難忘的高山旅程。我走完百岳之一的能高安東軍縱走，並且登上安東軍山山頂，那是方圓四十公里內展望最好的一座山，看著貨櫃輪在寧靜的太平洋海面上劃出一道細紋，那不只是美，而是出自內心永恆的感動。

登上安東軍山山頂，那是方圓四十公里內展望最好的一座山，而且那天天氣很好，太平洋、花東縱谷、海岸山脈盡收眼底，看著貨櫃輪在寧靜的太平洋海面上劃出一道細紋，那不只是美，而是出自內心永恆的感動。

當時五十八歲，完成八十七座百岳，心想，也許六十歲前爬完百岳不是夢，於是我將六十歲前完成百岳列為第一優先心願，寫下這目標，心情反而是從憂鬱的谷底爬升，感覺自己就像個年輕人。

九十九 things to do

從此，我開始不斷更新自己的夢想清單「九十九things to do」，學釀酒、做菜、衝浪、划獨木舟；最近，我的夢想是在合歡北峰演奏一首薩克斯風。人家是一首搖滾上月球，我是一首薩克斯風上合歡北峰！

夢想，只要想久了，堅持去做就會成功。我把各種想像得到的夢寫下來，有正經的，也有搞笑的，夢就是要往前看，一點一滴，長久積累下來，就會做到很多。

想我的時候，來合歡北峰看我

有一次，我騎自行車摔車，鎖骨、肩胛骨關節脫臼，還好戴安全帽，人沒事，不過這也逼得我開始面對死亡，於是提筆寫下〈給兒子的一封信〉。

我要兒子們：一、好好照顧媽媽，至少每個禮拜要有一個人回去看媽媽；二、將我的保險金捐給林務局新竹管理處，請他們改善大霸尖山途中的九九山莊，將大霸到雪山的聖稜線縱走打造成國際級登山路線；三、將我的骨灰撒到七星潭外海，一小撮撒在合歡北峰，讓我以大地為枕、以星空為帳，讓我辛苦了一輩子，能得到一項我自認為是最好的安寧。

生活中隨時都可追求心靈的自由，圖為騎自行車響應二〇一四年戒菸就贏活動（上圖）及騎鐵馬挑戰合歡山主峰（下圖），這都是很棒的回憶。

人一輩子，就應該留下一些能感動自己的事。

〈如果我沒醒來，不要串通醫師凌遲我！〉一文我交代人生的最後一章，人一生要活得精彩、走得帥氣，走的時候不要管子、不須維生治療；死後大體器官要捐贈，不要追思葬禮，也不要墓園墓碑；想我的時候，就到合歡北峰來看我。

我也希望生前能夠辦一場告別式，邀來親朋好友，趁我還沒走以前，有仇報仇、有冤報冤，把想說的話講清楚。

「有些事現在不做，一輩子都不會做了！」這是電影《練習曲》的臺詞，也是影響我最重要的一句話。人一輩子，就應該留下一些能感動自己的事，所有人，不管男女、年齡，都應該勇敢築夢，心靈自由才是你一生中最珍貴、最該去追求的事。

告別式，誰是主角？

之前我有一位老部屬因肺癌過世，他比我年輕，不到六十歲，由於我之前當過首長，常要參與許多婚喪喜慶的場合，所以我去了他的告別式，但這次心情格外不同，以往都是參加長輩的告別式，這次卻是同輩，另外我也注意到臺灣的殯葬文化。

亡者不是主角

照理來說，告別式應該是為了亡者而舉辦，但在臺灣，許許多多的人情壓力，造成大部分的來賓都是看著亡者子女們的分上前來弔喪，所以大部分反而是子女的朋友們。仔細想想，亡者從來就不是主角！

告別式是在殯儀館，只有家屬親戚可以瞻仰遺容，我認為場地真的不適合，時間安排又緊迫，許多人甚至沒位子可坐。家祭結束之後，接下來是團體公祭，每個團體都必須排隊等待，人們來來去去，場面十分混亂，對賓客來說既不方便又不舒服，講難聽一點，只是冗長又沒實質意義的儀式而已，為什麼臺灣會形成這樣的殯葬文化，是否有比較好的方式呢？

我期望看到什麼？

首先，我希望看到亡者的生平事蹟，家屬子女、親戚朋友站出來對亡者說一些話；第二，希望臺灣殯儀館的整體環境要提升，像在教堂追思就不錯，有牧師、音樂，也有人上臺分享，看起來比較舒服，像是真的在告別，送亡者最後一程，而且在教會裡，場地安排也很好，大家只要乖乖坐在椅子上就好。

顛覆傳統談何容易

二〇〇二年，董氏基金會的嚴道董事長過世，當時我是董氏基金會的執行長，義不容辭舉辦了追思會，因嚴董事長交友廣闊，如果辦在殯儀館只會更複雜，實在不適合。當時我向某單位租借一個演講廳，他們原本不願意借，感覺不太吉利，經過我再三懇求之下才答應，並且也出了一本關於嚴道先生的傳記，在追思會後送給大家。當然一般人沒有能力這麼做，但我覺得追思亡者，不一定要拘泥傳統，可以思考如何調整會更好。

所謂的風俗文化，是長久以來的約定成俗，一代傳一代，要改變並不容易，總不能叫政府強制去改！再說，如果改變了程序和儀式，那傳統葬儀社還要吃飯嗎？

這其中包含了許多複雜的利益問題，我只是提出這個現象，但要如何改，目前我也講不出個所以然！也許一些宗教的大老，可以介入建議。

風氣逐漸改變

但「以亡者為主角」絕對不會錯，讓來送別的朋友們有深刻的印象，不需要太多繁文縟節、行禮如儀的儀式。另外，近年來一些比較制式化、專業化的禮儀公司也紛紛出現，它們把流程簡化，使得典禮莊重、莊嚴許多，下葬的方式也在改變，從以前的土葬轉變為火化為多。

拿我參加這位部屬的告別式來說，我只跟他在工作上有接觸，其實並不了解這個人，那就可以在葬禮上，多呈現一些他的生平事蹟，家人朋友上臺分享他的為人處事，讓大家更認識他，並懷念他，這才是最重要的不是嗎？

還有一種方式，是在告別式上播放亡者對家人朋友們講的話，就像電影《多桑的代辦事項》劇情那樣，女兒在爸爸生病後，記錄爸爸的生活點滴。我相信每個人一生中一定有最驕傲、最值得一提、最值得追憶或是紀念的事情，而對自己的期望、評價又是什麼？「當你死去時，希望有什麼樣的告別形式？親戚朋友要如何送你最後一程？」亡者是主角，告別式就該照亡者自身的意願去完成。

網路墓園與墓碑，可行嗎？

有次在一個活動訪談中跟小野對話聊天，他說因他的名字裡有樹木的涵義，所以死後想樹葬；而我則是早已囑咐子女當我逝去後，將部分骨灰撒在七星潭，回歸自然的生態循環，其餘則放在合歡北峰，讓我死後還有機會能觀山看海。

一直以來，我都不停在思考，人死去後究竟該以怎麼樣的形式存在？目前大部分人會將逝者火化後，葬在墓園或放在靈骨塔裡，但這真的是讓親友容易親近而表達思念，甚至讓後代子孫方便緬懷的最好做法嗎？

當生命消逝時，我不想以土葬或火葬的方式存在這世界，因為我觀察到家族墓地裡目前有十一個墓碑，但每回清明掃墓時，看著墓碑上頭的照片，發現我能回憶起生平事蹟的只有父母與祖父母，共四位而已，我不禁思考墓地存在的意義。

此外，隨著時代改變，現代人工作忙碌，清明節也不一定抽得出空掃墓。像今年清明節，我的孩子都要照顧他們的孩子，無暇來掃墓，年輕一輩似乎已不再像我們這世代這麼看重掃墓。當生命消逝，有無墓碑，過了兩、三代，我們的子孫會在乎嗎？更何況現在土地很珍貴，假如政府有地、有經費，蓋青年住宅似乎比蓋公墓更能幫助年輕人成家！

我臺北的家離「福州山公園」與「崇德街」不遠，這兩處隔著和平東路三段相望，風貌大不同。崇德街是一條沿山腰闢建的產業道路，山路上擁有臺北市最大的公墓區——六張犁公墓。偶然機會下，我發現這裡至少有百分之十至二十的墓地看似荒廢。當墓長年無子孫來祭拜，很可能被公告成無主墓（註），為了空間的永續利用，這些無主墓能存在多久，令人深思。

反觀和平東路三段另一邊的「福州山公園」，這裡以前是「福州山第九公墓」，由於附近是北二高的臺北聯絡道路，地處交通要道，為了市容，一九九五年政府開始規畫將墓遷移，經過多年整修，二〇〇二年公墓搖身一變成為綠意盎然、生態豐富的公園，假日吸引不少民眾來此健行。公園和公墓相比，顯然更令人想親近。

李開復曾分享一則網路貼文，上頭寫著：「人人都離不開手機，若干年後，墓碑上只刻二維碼，路過時拿出手機掃一掃，一生的故事就出來了……」我認為這方法很值得推廣，也曾與年輕人討論網路墓園的可行性，因為「網路無遠弗屆，且能永久存在」，讓逝者的故事不被時間、空間侷限，能流傳於網路，隨時讓親友閱讀其生平事蹟，又能兼顧環保，這不是很兩全其美嗎？

當今知名的秦始皇陵、法老王陵，其不朽的價值是因為墓穴中有文化歷史意義的兵馬俑及金字塔建築，一般墓碑很難有其文化歷史上的意義。人往生後，親友舉辦告別式、立墓碑，主要想傳遞慎終追遠、緬懷的意義，既然要後代緬懷，何不在網路上留下逝者的生命故事，或想給親友或子孫的話，讓親友想念他時，隨時可上網瀏覽，讓逝者的精神能以更貼近現代人的方式永續留存呢？

我也發現一個匪夷所思的現象，究竟舉辦逝者的告別式是為了誰？以及要給誰看？主角真的是亡者嗎？還是要讓親友看到亡者的子女很忙碌的籌辦後事，就代表子女很孝順？

我常跟子女說：「死後我不要墓碑，

也許這不符合當前的風俗民情，但我希望他們尊重我的意願。」當我離開人世，我只想留下我的生命故事或想給親友的真心話，而非只是一個空泛的墓碑。我想，風俗習慣是可以慢慢轉變的，過去當我們所愛的人離開人世後，長輩習慣土葬，後來因空間有限，在政府宣導下，目前火化後放靈骨塔居多，希望隨著觀念改變，有愈來愈多民眾可以接受海葬、樹葬、網路墓園，或其他更環保、更便於緬懷先人的方式。有For What & For Who的價值觀，會讓生命的意義更亙古永存。

註：根據《殯葬管理條例》第二十七條規定：「直轄市、縣（市）或鄉（鎮、市）主管機關，對其公立公墓內或其他公有土地上之無主墳墓，得經公告三個月確認後，予以起掘為必要處理後，火化或存放於骨灰存放設施。」

給兒子們的一封信

我喜歡挑戰自我，或許很多人會認為這是自找麻煩，但我就是喜歡這樣的生活。二〇一三年我成功挑戰喜馬拉雅山脈的安納普納基地營（Annarpurna Base Camp）登山線路（海拔四千公尺），眺望了壯觀的尼泊爾聖山魚尾峰，二〇一四年我去爬了土耳其高度五一三七公尺的阿拉拉特山（Ararat），去尋找傳說中諾亞方舟的遺跡。另外，在我六十五歲時也到了紐西蘭嘗試高空跳傘。我想，這樣一直玩下

二〇〇五年，三個兒子及太太以爬玉山做為我的父親節禮物。我非常希望之後能帶著全家人（包括媳婦、孫子們），重溫一起爬山的感動。

去，總是會有風險的。

雖然有些人認為寫交代後事的信會觸霉頭，但我還是在二〇一三年決定遠征尼泊爾的安納普納山前，寫下「給兒子們的一封信」。

給兒子的叮嚀

第一，如果我有什麼意外，請你們好好照顧媽媽，至少每個禮拜都要有一個人回來看媽媽，三個禮拜輪一次，並不過分。

第二，我本身有國泰人壽的壽險、意外險及醫療險，而每次旅行前還會加保意外及醫療險，但這些保險金，我想媽媽和你們也不需要，所以我希望你們將這些錢，捐給林務局新竹管理處，請他們把大霸尖山途中的九九山莊龍門一號山莊，依照我構想的方式將山莊改善，如何改善我會另撰一文詳細說明，簡單講，要隔間隔音，有床簾，有乾燥室，地板鋪地磚，穿藍白拖，玄關要能處理濕背包、濕鞋子。

第三，我不希望有墓園與墓碑，我希望火化後的骨灰，大部分作成魚飼料撒在七星潭外海，因為我吃太多魚了，希望把自己回敬給魚吃。另外一小撮骨灰則放在合歡北峰，那裡是百岳中最容易到達的地點之一。它登山入口適中，不會太吵，也不會太冷清，此外，也有山友早已長眠此地，可以互相作伴。最重要的是可以看到立霧溪、太平洋、清水大山、南湖中央尖等美景，早上可以看日出，晚上可以觀星座，這種以大地為枕、以星空為帳的日子，是我給自己辛苦了一輩子最貼心的犒賞。不過，你們每年四、五、六月高山杜鵑花盛開時，要記得來看我，練練身體對你們應該沒什麼損失才是。

選擇這座山已經算很仁慈了！來回只要四個鐘頭，原本我想要放在安東軍山，

在合歡北峰可以看到立霧溪、太平洋、清水大山、南湖中央尖等美景，因此我在「給兒子們的一封信」上提到，當我離開人世後，請將我的一小撮骨灰撒在合歡北峰，讓我以大地為枕、以星空為帳。

可以欣賞花東縱谷與太平洋，那裡要走四天才會到；或者是南湖東峰，可以看到太平洋與龜山島，但來回也要四天，我仔細想想，這樣對你們好像太殘忍了，而且這兩個地方人煙罕至，稍嫌冷清了些。

不斷更新的清單

其實我一生要做的事件清單一直在更動，包括每年要跑完一次全程馬拉松，要參加一次全程鐵人三項，要划獨木舟從七星潭到和平，這都是自己可以辦到的。不過，之前日本的紀錄片《多桑的代辦事項》給了我一些新的想法，我希望能在未來的某一個生日，開著一輛滿載莫凡比的冰淇淋車，到養老院免費請老人們吃，如果我沒辦法達成，你們要幫我完成這件事。

讓老人享受吧！

為什麼有這樣的想法，因為我一直認為，八〇歲以上的老人，不需要限制他們食物清淡，不必減重，吃得下比較重要，愛吃什麼就吃什麼，可以吃自己認為的人間美味，讓自己活得更快樂一些。限制老人不能做這吃那，是違反人性的，也沒有任何科學根據。事實上，越來越多科學證據顯示，老人要吃好一點，吃胖一點，讓他具有多一點對抗疾病、對抗憂鬱情緒的能力。我願，每個老人都可以享受自己美好的最後一段人生，不要留下任何遺憾。

不要過一成不變的生活

以上我交代了那麼多事情，應該都不會在近期內發生啦！只是我一定要跟你們說明清楚，為什麼我要這麼做，你們才不會覺得我這個老爸怎麼怪怪的！

總歸一句，我只是想說，我就是不想一輩子過著一成不變的人生啦！

編輯後記

敬「夢想」，做自己喜歡的事！

文／葉雅馨（大家健康雜誌總編輯）

有部片《鐘點戰》（In Time），活命的時間要自己賺……，片中每個人的外貌身體狀況都停留在二十五歲。所以當一個人在介紹他的岳母、媽媽和女兒時，你幾乎分不清楚她們的輩分，因為她們看起來都很年輕且凍齡。這在未來的世界不無可能，目前平均餘命是八〇．二歲，拜科技之賜，八〇年後出生的人，平均餘命可能會到一百歲。

當活得久不成問題時，接下來要問：怎麼活得好？怎麼活得有意義、有價值？董氏基金會心理衛生中心在二〇一六年社會調查詢問受訪者：「什麼事讓你覺得最快樂？」結果最高比例回答是身旁的人平安健康，其次就是「做自己想做的事」。

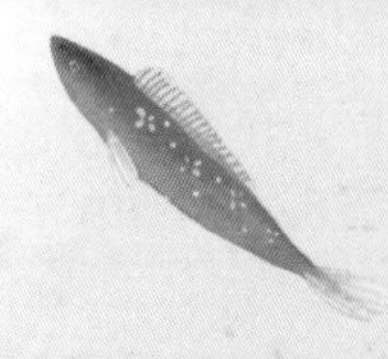

較近距離認識葉老大（本書作者葉金川，山友們對他的暱稱）是董氏基金會創辦人嚴道先生延攬他入任執行長後。我發覺「做自己想做的事」，他稱得上是個徹底的執行者，把滿滿的夢想時時排入計畫，且努力實踐著。他在本書〈二〇二五，我還有夢〉一文中寫著，「二〇二五年時，我還是一個年輕的老人，七十五歲的我當然還有夢！如果連夢想都沒有，活著，就只是具活屍體，一直等到被埋葬，然後生命正式告終。人不管年齡，一定要有夢想的。」他說，「自己想到就做，說不完，也永遠做不完。」

六十五歲，是他人生的另一個階段！這年他意外發現得了淋巴癌，對人生有了另一層思考，與我們編輯團隊合作出版這本《最美好的時光》，有別於以往所策劃及撰寫的書籍，帶來更多關於他對生命的體悟及生命故事，感性而觸動不少人的心靈。

楔子一篇〈如果我沒法醒來，不要串通醫師凌遲我〉的原文，當他寫在部落格時，就曾被媒體、網路不停的轉載，甚至被當作生命教育的教材，應該是他始料未及。後來不少生命教育講座、熟齡生活演講等邀約不斷，不少人對他的印象不再是為政策辯護的政務官，不只是當年那個勇闖和平醫院的抗SARS英雄，似乎已轉變成為人生引路的心靈導師。

《最美好的時光》有著他對「學習與疾病相處」、「老後金齡生活」、「退休築夢安排」、「預約人生終點」等特殊的人生思維與想法，「要怎麼過，人生才會沒有缺憾呢？」他不想過一成不變的人生，似乎也解答了「人生無憾過日子」。

他現在看待「每天都可能是生命的最後一天」，把握每一個當下，積極把每一天過得精采。六年前，他完成了一個不是普通人可以達成的夢想——攀登百岳。目前全臺攀登完百岳的人數還不到一千人，因為要完成這個夢，要有恆心的毅力與不放棄的堅持，而他堅持了四十年，這可看出葉金川逐夢的執著。

記得六年前，《行男百岳物語》的新書發表會，他講了一個非常引以為傲的登山紀錄：二〇〇五年，三個兒子及太太陪他一起去爬玉山，當作父親節禮物，在山頂全家人拍了合照。當年，讀國二的小兒子，回家後在週記寫著：「上週我和爸爸去爬玉山，這是爸爸的『遺願』。老師還跟他解釋這不是遺願，是『夢想』。」

而這個幫父親圓夢的小兒子，現在已大學畢業，原本學習護理的他，服完替代役，步入職場，卻選擇非常挑戰且令人很驚喜的行業，他考上航空公司的機師，將成為飛行員，未來要開飛機，載著父親、母親、家人遨遊天際，圓更多人生夢……。

是的，敬「夢想」，做自己想做的事！

最美好的時光　人・生・無・憾・過・日・子

作　　　者／葉金川

總　編　輯／葉雅馨
主　　　編／楊育浩
執 行 編 輯／蔡睿縈、林潔女、張郁梵
繪 圖 插 畫／恩佐
封 面 設 計／比比司設計工作室
內 頁 排 版／陳品方

出 版 發 行／財團法人董氏基金會《大家健康》雜誌
發行人暨董事長／謝孟雄
執　行　長／姚思遠

地　　　址／臺北市復興北路57號12樓之3
服 務 電 話／02-27766133#252
傳 真 電 話／02-27522455、02-27513606
大家健康雜誌網址／http://www.healthforall.com.tw
大家健康雜誌粉絲團／https://www.facebook.com/healthforall1985

郵 政 劃 撥／07777755
戶　　　名／財團法人董氏基金會

總　經　銷／聯合發行股份有限公司
電　　　話／02-29178022#122
傳　　　真／02-29157212

法律顧問／眾勤國際法律事務所
印刷製版／恆新彩藝有限公司

國家圖書館出版品預行編目(CIP)資料

最美好的時光：人生無憾過日子 / 葉金川作. -- 初版. -- 臺北市：董氏基金會<<大家健康>>雜誌, 2017.01
面；　公分
ISBN 978-986-92954-4-4(平裝)
1.生死觀 2.生活指導 3.文集

197.07　　　105023891

出版日期／2017年1月23日初版
定價／新臺幣380元

本書如有缺頁、裝訂錯誤、破損請寄回更換
歡迎團體訂購，另有專案優惠，
請洽02-27766133#252